大宋河山可骑驴

王这么 著

图书在版编目（CIP）数据

大宋河山可骑驴 / 王这么著. —— 南京：江苏凤凰文艺出版社，2023.4（2024.5重印）
ISBN 978-7-5594-7531-2

Ⅰ.①大… Ⅱ.①王… Ⅲ.①历史人物-生平事迹-中国-宋代 Ⅳ.①K820.44

中国国家版本馆CIP数据核字(2023)第019407号

大宋河山可骑驴

王这么 著

责任编辑	丁小卉
特约编辑	刘芷绮　黄巧婷　沈　骏　鲍　畅
封面设计	张王珏
责任印制	刘　巍
出版发行	江苏凤凰文艺出版社
	南京市中央路165号，邮编：210009
网　　址	http://www.jswenyi.com
印　　刷	河北中科印刷科技发展有限公司
开　　本	890毫米×1270毫米 1/32
印　　张	11.25
字　　数	200千字
版　　次	2023年4月第1版
印　　次	2024年5月第5次印刷
标准书号	ISBN 978-7-5594-7531-2
定　　价	59.90元

江苏凤凰文艺版图书凡印刷、装订错误，可向出版社调换，联系电话：010-87681002。

[北宋]王希孟《千里江山图》(局部)

[北宋]王希孟《千里江山图》(局部)

[北宋]赵佶《听琴图》

[北宋]艾宣《写生罂粟图》

[南宋]马兴祖《浪图》

［南宋］马远《观瀑图》

［南宋］马远《舟人形图》

[南宋]马远《月下把杯图》

[南宋]马远《梅石溪凫图》

[南宋]马远《踏歌图》

［南宋］马麟
《秉烛夜游图》

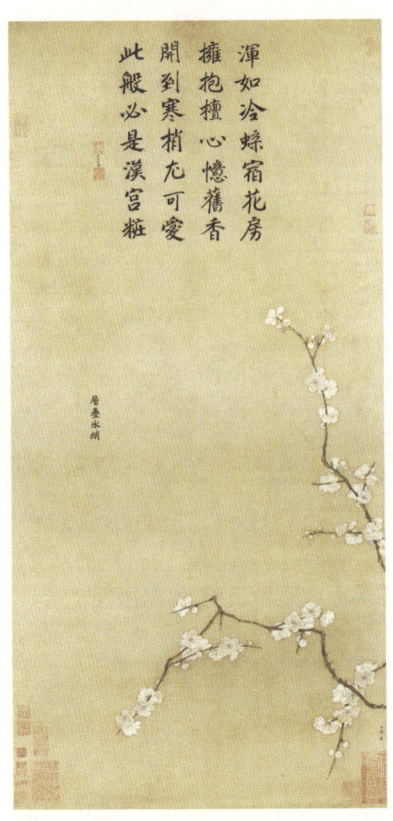

［南宋］马麟
《层叠冰绡图》

[南宋]马和之《月色秋声图》

[南宋]夏圭《松溪泛月图》

[南宋]夏圭(传)《临流抚琴图》

[南宋]夏圭《烟岫林居图》

[南宋]李嵩《赤壁图》

[宋]佚名《海棠蛱蝶图》

[宋]佚名《槐荫消夏图》

[宋]佚名《瓦雀栖枝图》

[宋]佚名《写生草虫图》

［宋］佚名《长桥卧波图》

［宋］佚名《征人晓发图》

[宋]佚名《西湖春晓图》

[宋]佚名《春游晚归图》

目　录

他们的光荣与梦想　　　　　　　　001

我要这花开到永远　　　　　　　　035

贬谪者的春天　　　　　　　　　　053
　　熙宁年间的老友记　　　　　　055
　　海南的月亮好看吗　　　　　　067
　　怪御史与一枝梅　　　　　　　080

却见词人在高墙　　　　　　　　　097
　　一首词的三种出头方式　　　　099
　　会写词的强盗　　　　　　　　103
　　爱喝酒的和尚　　　　　　　　108
　　追男仔的姑娘　　　　　　　　119
　　被代笔的人生　　　　　　　　126

他姓辛，艰辛的"辛"	135
一位宋代淑女的鲲鹏志	155
这不是一首给伤心人的歌	173
为生命中的不可能而恸哭	187
公子和他的薄情女郎们	211
别人见我在喝最劣的烧酒	241
戴复古：一个不回家的人	243
姜白石：爱比死更冷	252
吴文英：背对着月光散步	264
对不起，我比你们想象的幸福	279
人间失格的日子	293
告别青春告别美	313
更多的人漂泊在路上	327

他们的光荣与梦想

想当将军的诗人

"此身合是诗人未？细雨骑驴入剑门。"驴跟诗人，好像是一对完美的拍档。

诗人的气质，跟高头大马的确不搭调；而驴，体格小巧，加上诗人缓步而行的翩翩风度，就很相得益彰了。唐代郑綮说："诗思在灞桥风雪中驴子上。"边走边比画，"推"好呢还是"敲"好，也只能骑驴。

驴背平坦舒适，弱不禁风的小媳妇都可以安然坐着回娘家。马骑乘起来，就正式且粗犷得多，要配鞍，否则颠死你；得经过训练，不然摔死你；还要身姿挺拔，被坚硬的马鞍束缚着，在马上，人只能保持一种紧绷而待发的状态。连赏花那么优雅的事，骑马去就会变成一场盛会、一次游行："一日看尽长安花""踏花归去马蹄香"。昂扬,且快意。

驴性愚执,形容冥顽不灵者,会说"春风不入驴耳"。诗人通常也有这种毛病,主观想法太多,不听劝谏。和马相处时间久了,是战友,是同志,风里雨里共进退,一个眼色,莫逆于心。驴则更像游伴,再相处融洽,私底下都有些小别扭,你想往东,它偏往西,这时候你俩得好好就地协商一下了。

驴跟马的区别,陆游是很明白的。"此身合是诗人未?"剑门关下,陆游很不高兴地嘀咕着,这一生,才不乐意骑驴,才不爱当诗人!他想骑的是战马"的卢",想做的是如卫青、霍去病那样的将军。他不是将军,连战士都算不上。八十四年的人生里,他真正的军旅生涯只有一年多,而且是文职,而且年纪不小了。这一年的事情,他用足后半生来回忆和书写。

"衣上征尘杂酒痕,远游无处不消魂。"过剑门关这一年,陆游四十八岁。孔子云"五十而知天命",不该再发牢骚、再有无谓梦想。

岳飞、秦桧已死,被皇帝生涯弄得心力交瘁的宋高宗退位,换了年轻气盛的宋孝宗,上来雷厉风行,批秦桧,平反岳飞冤案,起用老将张浚北伐。没几日,兵败如山倒,朝野仓皇。热腾腾的激情,碰上兜头一大瓢冷水。主和派开始猛放马后炮,主战派必须有人为国耻负责。刚刚被皇帝爱才而赐进士出身的陆游,躬逢其盛，立刻又被免职了。"交结台谏，鼓唱是非，力说张浚用兵。"罪名说大不大，说小不小，基本上属于派系间的打击报复。不久，陆游又被弄到夔州去当了通判。

通判这个官位非常有意思，州郡长官的副职，协助处理事务；虽然只是八品官，却是由皇帝亲自委派的，可以直接向皇帝奏报州郡内一切官员的情况，暗地里起着监察与制约地方官的作用。

可见此时，皇帝对陆游还是颇有回护。只要站对队伍，抱对大腿，前途还是大有可为。很可惜，陆游这个人，天生一根筋，好像磨坊里的那头驴子，给它一只悬在眼前的胡萝卜，能转个一生一世。

那根"胡萝卜"，就是岳飞也曾经执着过的"靖康耻，犹未雪"，就是"王师北定中原日，家祭无忘告乃翁"。

陆游的家在汴梁，世代为官，到他这一代，风云突变。三岁时，金军攻陷汴梁，他被母亲抱在怀里，随着乱军和呼号的流民逃到江南。即使年纪尚小，他也是南渡之民，血液里有流亡的耻辱记忆，有故国三千里的不堪与思念，像火一样灼烈，像刀锋一样尖刻。无日可忘。

早慧孩子的志向，被长辈的哭泣与追忆敲打，他长成了热血沸腾的青年。习文、学剑、钻研兵法……像将要脱弦的箭，直指前程。

因为家世,他早早荫补为"登仕郎",一个名义上的正九品,通往仕途最起始的阶梯。不过,必须参加一次吏部的考核,才能被正式授予官职。进临安城应试这年,陆游十六岁,首尝败绩。十九岁,他参加贡举考试,入闱,在礼部又被刷了下来……

自从有了科举,很多读书人都魔怔了。考场如赌场,碰对主考官的喜好,难度不下于猜对庄家的点数。刚拿到好牌,人家又出老千,天时、地利、人和,缺一不可。也不知陆游到底差了哪一点,一蹉跎,到了三十而立的关口。少年意气消磨尽,中年愁绪逼人来,对于平常人,三十岁大概就是这么个状态,可对于陆游,年龄,恰是他一生中常常忘记的事情。

这一次,简直是场闹剧。他参加的是专门给现任官员和恩荫子弟准备的考试,文章深受主考官陈子茂的赏识,录为第一。可是同场有秦桧的孙子秦埙,秦桧递话要让孙子当头名。陈子茂为难了半天,最后把陆游放在了第一,秦埙第二。他本以为这已经是做足了让步,然而秦相爷的指示,岂是可以讨价还价的?差一毫儿没办到,那也是不给相爷面子。秦桧大怒,再一看陆游的卷子,满纸洋洋洒洒,力透纸背,写的都是光复国土、征税要从富人征起等主战派与改革派那一套,使他越发地恼火。

陈子茂被革职,陆游以反对和议之罪,被取消殿试资格,好好的一个进士出身，又"去乎若云浮"了。

终于等到宋孝宗继位，秦桧也死了，新朝锐意图强，爱才如渴，把在野名声已经很响亮的陆游召来，一番应对后，龙颜大悦，直接赐进士，外放镇江府通判。镇江府，南宋对金军东部防线的重镇，向来被视作东线司令部。若干年后，宋宁宗时代，被委以北伐重任的辛弃疾，亦镇守此地，写下这样的句子："何处望神州？满眼风光北固楼。"镇江，北固楼前，是志士们持戈报国、扫净胡尘的希望之地。

可见，朝廷这个委派，既有分寸，又寄托了对陆游的期望与信任。这时候，人心不是不振奋，君臣不是不相得。

北伐事败，无力再战，南宋不得不再次向金国求和。以太上皇宋高宗为首的主和派占据上风，陆游被短暂免职后，调到夔州——今天的重庆奉节。官职未有差别，却身在后方，离开了南宋军事力量的中心。我的理解是，这是宋孝宗在压力之下所做的一次妥协，是对主战派力量的保存。

事实也证明，此后，陆游仕途的起伏，屡次被起用，旋又受抑，直观地体现着主战派与主和派的激烈斗争。

直到淳熙十三年（1186年），陆游又被起用，知严州军州事，再次上京面圣。这一年，宋孝宗六十岁，陆游六十二岁。离第一次君臣相对已经二十四年了。当年都意气风发，现在呢，一

他们的光荣与梦想　007

对发须斑白的老人家。皇帝对陆游仍然满怀激情的纵论国不置可否，只对他多年来的诗文成就大加赞赏，并谈起严州山水甚好，谆谆道："先生可多写诗。"

陆游很失望。他在退隐的日子里，无一刻忘记报国的雄心。而报效的对象——皇帝本人，却已经这样心灰意懒。这样的面圣又有什么意义？

对于宋孝宗，这一次召见，或许只是他对年轻时代理想的一次怀旧，对中兴大业的一次追念。朝野上下，举目不见可用之材，将军多老死，当年曾热烈拥护自己的主战派臣子们，在朝堂上沉默地腆着圆润的肚子，面目模糊，已经分不清谁是谁。

只求内外无事，平安度日。三次北伐，无不失败，甚至才着手准备，便已夭折。人才凋零，内外掣肘。这一生的挫折，皇帝的感触，其实要比忠心的臣子来得更深。

这也就更趋向于现实主义。不要以为贵为天子者就可以为所欲为，恰恰相反，当了皇帝，就再不能像正常人那样，哪怕是偶尔的小小任性。

陆游是正常人，而且是诗人，所以他居然可以至死都保持着一颗乐观的心，锲而不舍，信念不颓。

很可能，作为皇帝的宋孝宗，对陆游的欣赏中也是带着些许羡慕的——他是泥塘般现实里，奇迹般未曾磨灭的一缕理想之光。虽然已经没用了，可存在着，总能给人带来一点安慰。

陆游骑驴进入剑门关，后面跟着全家老小的车队，逶迤行来，雨雪交加。剑门天下险，一夫当关，万夫莫开。李白当年经过，惊呼："蜀道难，难于上青天。"陆游可没感叹的兴致，他心中有一种不好的预感。回头望去，关山重重，不见一个故人。南郑，他的嘴里噙着这个地名，却始终不忍吐出，那个地方、那些人，以后大概再也不会见到了。

曾是一生最踌躇满志的时光，这辈子所遇最莫逆的伙伴……不，应该说，是战友、袍泽与兄弟。

王炎，这个名字应该被记住。他是最赏识陆游的人，也是一位帅才。但是，玩笑一般，历史慢慢湮没了他所有的雄心和努力，多年经营，化为春梦。一切，发生在1172年那个秋天。

王炎，河南安阳人，以坚忍与实干精神，深得皇帝信任。数年之间，便成了朝野瞩目的重臣。当朝廷里主战派、主和派以及中间派仍在争辩不休时，王炎已经挽起袖子，一头扎到四川，真刀实枪地干起来了。

他将帅帐移至汉中南郑，因为离前线更近；组建武装，不拘一格，地方上的"义军"，契丹、女真的流民都收编不误，并专门将这些剽悍的外族人组成了战斗分队。众所周知，两宋的武装力量，向来是官兵不如地方自卫队，地方自卫队又不及胡人及胡化汉人。唯一麻烦的是难以统管，而王炎恰恰是个擅长统领与招延的人。他的帐下，集中了南宋的一时俊彦，多半是海内名士，包括陆游在内。他亲自发信邀请，恳商军国大计。对这些怀才不遇的士人，王炎给予充分信任，士人们也倾心相报。

陆游虽是文职，却穿上了军装，持长剑、骑快马，巡游于边境，勘察地形也好，处理军务也好，冒险中总带着快意；闲时结伴入山打猎，呼喝声与笑声震落树叶。"上马击狂胡，下马草军书。"多少文人梦想的人生境界，终于出现了。于是，豪情万丈，不思故乡。

秋天到的时候，诏书亦到了，改虞允文为四川宣抚使。王炎离职进京待命，第二年被彻底免职，请回老家。原幕府成员四散如星，被分别调至各处，陆游亦被调至成都。这也就是这次骑驴入剑门的原因。

原谅我详细地记述这件事情，否则就无法传达陆游的郁闷之情。这是他离理想最近的一次，也是幻灭来得最突然的一次。

关于王炎意外被削职，回想起来，大概也在意料之中。其实大家心照不宣：王朝的"家族遗传病"又犯了，或者说这"病"是代代难以摆脱，连外族入侵都不能与之抗衡的梦魇——"武将跋扈，拥兵自重"。岳飞当年就栽倒在这里。

而在南郑，在军中大帐，一个实干与礼贤下士的主帅、一群狂放的文士幕僚，难得的理想与行动力相携。从陆游的回忆诗词中来看，这就是一段激情燃烧的岁月。但是我们换个角度来看，其中，是否发生一些事，说过一些话，因为过于热烈，而显得不太合时宜，甚至——招忌？

新的宣抚使虞允文，和王炎是老对头，历来不和，仅从这种人事安排来看，朝廷的心迹便已可窥。后来，陆游把在南郑写下的诗词大半都藏起来，藏着藏着，竟然藏丢了。

中国古代的文人，都很会藏东西、藏心事，藏的结果，便是怨。孔子教导后生曰："小子何莫学夫《诗》?《诗》可以兴，可以观，可以群，可以怨。迩之事父，远之事君，多识于鸟兽草木之名。"

诗可以激发情志，可以观察社会，可以结交朋友，可以怨刺不平。近可以侍奉父母，远可以侍奉君王，还能知道不少鸟兽草木的名称。

这一大串诗的效用里，"怨"和"远之事君"，是被后辈们用得最熟练的。陆游在剑门关下，就有这样一首怨词：

清商怨

江头日暮痛饮。乍雪晴犹凛。山驿凄凉，灯昏人独寝。

鸳机新寄断锦。叹往事、不堪重省。梦破南楼,绿云堆一枕。

词面上是一首典型的闺怨词。上片写本人,我这漂泊的游子,在雪后初晴的江边、惨白如病的夕阳下,独饮闷酒,在山边驿站里,胡乱地睡去。下片写她,那家里的思妇,如织回文锦的苏若兰般坚贞而多情,她辗转反侧,为回忆和思念所苦,在梦中重温过去的欢乐,却又要面对梦醒时分的凄凉。

没什么新意,只是简练干净。但行家出手,不同凡响。陆游是诗坛巨擘,填词于他只是诗之余兴。这阕《清商怨》,体裁是词,细品时,倒具备着诗的气质:清寂而寥阔,让私人范畴的情感变得堂堂正正,有怨怅,却又光风霁月。问题在于,陆游这次是带着家小的,游子在,思妇也在,打出闺怨旗号,却是为着谁呢?

借闺怨以抒其志耳。用男女之情喻君臣际遇,是中国诗歌的传统。层层绮丽的细布轻纱,将为难、尴尬,乃至残酷的东西包裹起来,就可以用肉质的心去贴近、去摩挲了,也容易被怨怅的对象接受。

比如,想跟主考官打听,自己这次有没有可能考中,直接跑上门,会被连人带礼物一起踢出来吧!聪明人就写一首诗递进去:"妆罢低声问夫婿,画眉深浅入时无?"娇俏识趣,再冷面的主考官，也会心一笑。大家都觉得怀才不遇，这事儿太普遍啦！但你不能像孟浩然那样，上来就直通通地道："不才明主弃，多病故人疏。"惹得"明主"大怒，朋友们也不高兴——怎么说话的这人？当我们都是势利眼吗？

到了陆游这个年代，文人们都已非常聪明，尤其词这种体裁，特别适合抒发不能明言的心事。陆游想表达的，就是离开南郑后，对朝廷的失望、忠而被谤的悲郁，还有际遇难逢的愁苦。游子和思妇都是他，一个是身体在外的漂泊，一个是心灵内在的坚守。

一直到了成都，心情才稍有好转。陆游在掌管边防军务的四川制置使范成大门下，做了一个参议官的闲职。成都很好，百姓淳朴，生活安逸，吃吃喝喝，赏花讲古，五十岁的人，足可以养老。

但陆游浑身不得劲，着急，心里无着无落的，只好继续猛写诗词。这家伙作诗最勤的时候，总是他最不乐意当诗人的时候。

双头莲·呈范至能待制

华鬓星星，惊壮志成虚，此身如寄。萧条病骥。向暗里、消尽当年豪气。梦断故国山川，隔重重烟水。身万里，旧社凋零，青门俊游谁记？

尽道锦里繁华，叹官闲昼永，柴荆添睡。清愁自醉。念此际、付与何人心事。纵有楚柁吴樯，知何时东逝？空怅望，鲙美菰香，秋风又起。

头上新添白发，平生壮志成空，又远离家乡，于是很消沉，豪气没有了，意气相投的朋友也没了。你以为这位作者总算识了趣，不痴想、不折腾了？才不，下半阕就露了马脚。世人都说成都好，他偏觉得不好，繁华没意思，清闲好无聊，不如回老家归隐呢！

词是呈给范成大的，范大人当然看得懂，这种嚷嚷归隐的把戏，他当年也玩过的。地位不同，关于时政的郁闷却是相通的。陆游跟范成大是老朋友了，关系不错，虽然是上下级，却俨然是诗酒之交，很多话就不那么避讳了。比如这首词，如果换了不那么相知的人来解读，难道不是在抱怨长官对自己不重视，暗讽长官身为朝廷重臣却无作为吗？

范成大不是一般官僚，他理解，没意见。陆游的同事们，看在眼里却很不高兴了，逮到机会就痛心疾首地打小报告，说陆游放肆无礼、纵酒颓放等。

积极维护尊卑秩序的，往往是秩序里的小人物。他们痛恨不守规矩的人，愤怒之情胜过被冒犯的尊长本人。像陆游这样的人就特别碍眼,因为,你的特立独行、放纵飞扬,虽然与他们无涉,却是在分明地嘲讽着他们的立身信念。他们发现,自己无比宝贵的生存智慧,在别人那里,可以轻而易举地被摒弃——最气人的是,竟然也没什么不良后果。那么,那些谨小慎微、赔过的笑脸、付出的自我贬抑……还有什么意义?

所以,像陆游这样的人,如果过得很差,还能博得几声同情,但如果总在眼前活泼地蹦来跳去,大家就会很盼望他摔跟头了。

尽管他也曾为小小的官职,为了找点俸禄养家,措辞哀苦地去求人,可一掉过头来,喝了几口酒,就开始发狂:"黄金错刀白玉装,夜穿窗扉出光芒。丈夫五十功未立,提刀独立顾八荒。"壮烈孤绝的形象,出现在一个半老贫穷的小官员身上,这当然是矛盾的,很难为世俗所接受。作为后世读者的我们,却知道,这是陆游啊,这一点也不奇怪。

这也可以从侧面解释:为什么陆游词作的数量,竟不及诗作数量的十之一二。词虽然也可豪放,但表达起情绪来,还是太含蓄、太婉转了,哪有诗,尤其古风来得痛快淋漓?

陆游后来干脆自号放翁,并大言道:"一树梅花一放翁。"这种人,卑琐小人都能轻易让他绊上一跤,拍掌看他的笑话。但是,想听到他认输,很难。除非,他自己向命运举手投降。

在缺马的朝代找一匹老马

诉衷情

当年万里觅封侯，匹马戍梁州。关河梦断何处？尘暗旧貂裘。

胡未灭，鬓先秋，泪空流。此生谁料，心在天山，身老沧洲！

陆游的悲痛，是整个南宋有志之士的悲痛。后人论及，往往会痛恨主和派的投降主义，归咎于天子昏庸。然而，如果没有这些阻碍，南宋真的就能成功地"还我河山"？历史没有如果，但我们也不妨在既成的事实中，寻找一些必然与偶然交错的症结。

大家都知道，军事力量一直是两宋王朝的致命弱点，经济、文化都已发展到高峰，却受制于外族的武力威胁，跟强汉盛唐没法比。但也要了解，北宋之建国，本来就先天不足：它承接了五代十国的乱摊子，名义上统一，实际上是分裂成了几个并立的民族政权。北宋所能真正掌控的范围，仅在传统的中原地带。起点既不高，生存环境又不佳——正逢辽、西夏等的游牧民族向定居过渡、建立王朝的上升时期。

比起盘旋于境外的草原铁蹄,靠兵变起家的赵家天子,深知对于皇帝宝座的安稳,内乱比外敌更直接、更可怕,所以皇朝的立国之本,就是抓紧兵权,重文抑武,守内虚外,建立高度发达的文官政治体系,将武将地位一再压低。然而在文人政治生存环境空前宽松、文采风流鼎盛的同时,武将素质却每况愈下,终至于,战事起时,举国无可用之将才。

将才凋零,相匹配的,自然是兵不堪用。高度中央集权的用兵制度,兵将分离,文官带兵,减少了拥兵自重的可能性,却也"兵无常帅,帅无常师",无法训练出高素质、高效率的部队。于是采取人海战术,以数量来弥补质量不足。

军备是宋朝财政消耗的重头,北宋前期,每年的军费开支即已超过财政支付能力。朝廷不得不鼓励军队经商,结果官兵武艺更加废弛,只好再扩充军队。最高峰时全国军队人数达一百二十万,受天子直辖的禁军就占了八十万,都用于拱卫京师,弹压地方,一旦有战事,根本不受将帅调派。南宋时岳飞之所以战绩辉煌,就是靠亲手建立、训练的"岳家军"。成绩出来,朝廷的猜忌也跟着来了。

游牧民族全民皆兵的时候,大宋王朝的职业军人们,走走私,经经商,合资开个茶楼酒店,小日子快活得很,却苦了国家,每年向辽、西夏交岁币也就罢了,还要给这支庞大的军队按月发饷,实在让执政者叫苦连天又无可奈何。

军事力量薄弱,还有一个很重要又很荒诞的原因:两宋严重缺马,是中国历史上最缺少马匹的朝代。尤其到了南宋,像陆游,他那么想骑马,就不能找匹马过过干瘾吗?他始终骑在驴背上跑来颠去,实在也是因为,在日常生活中,就算是普通官员,想找匹马骑,也是很不容易的。

冷兵器时代,战马是衡量军事力量强弱的重要指标。没有战马,就没有能在战争中作为制胜关键的骑兵部队。北宋一开始对辽战争胜少败多,这是一个重要的客观因素。

为什么没有马?历来产马的地方——西北、塞北、关东、西南全被其他民族政权占走了。中原地带以农耕为主,环境很不适宜养殖马匹,只能高价去向辽、西夏和大理买马。这种情况下还敢跟人打仗?一打仗立刻被封锁战马进口。到了南宋,与北方势成水火,每战都会损失大批战马。每一战败,恢复元气就难上加难,不得不议和以求休养生息。主和派对主战派恨得要命——老实讲,也是有一定道理的。你不顾实力地冒进,难道不会害得大家全体完蛋?

滇、川、藏三角地带丛林中的那条茶马古道,就是自唐宋以来,用中原茶叶与边疆各国进行马匹交易的通道。南宋时,"关陕尽失",西北地带的茶马交易已经无法进行,只得把重心转移到西南。大理也是产马区，马以个子小、能负重、善走山路著名，却并不适用于作战，运运军粮还差不多。战马还是西北的好。

平时民间只得驴子骑。这是个驴子普及的朝代，翻开两宋诗文，驴的出场率远高于马。《清明上河图》反映汴京繁华实景，里面的马也寥寥。陆游关于驴和马的怨念，就很能解释了。但是呢，用曹操的诗来说："老骥伏枥，志在千里；烈士暮年，壮心不已。"陆游骑不成马，在后人看来，也没什么关系了，他早已在岁月里，把自己变成了一头悲壮的老马。

对于军队缺马这种心头患，两宋王朝都想了不少办法，其过程可以说是一部可歌可泣的外交史与商战史。北宋经历的两次政治革新尝试——范仲淹的庆历新政和王安石的变法，重头内容都涉及马。

王安石的"保马法"，让民间养马，然后再由政府出资买回，听起来很好，却和其他新法一起，很快流产了。

关于王安石的熙宁变法，从刚开始一直到千年后的今天，毁誉不一。只有两点是毫无疑问的：它像中国古代历史上的每一次变法，在阵痛与代价中摇摆前进；而不论成果如何，首倡者，都有一个黯然悲凉的结局。

熙宁九年（1076年），推行新法六年后，五十六岁的王安石

他们的光荣与梦想　019

退居江宁（今南京）。新法推行过程中的斗争令人厌倦；无休止地应对争论和排除阻扰；突如其来的罢相；被诬告谋反，理由荒谬得让人听到的一瞬间，不是愤怒而是失笑；吕惠卿之流的背叛和暗算，让人直接对人性产生怀疑；寄予厚望的爱子王雱，聪慧机灵，才气逼人，亦在这一年病亡，年仅三十三岁。

心灰意懒，急流勇退。不退也不能。仍在推行中的新法，像一艘开往未知海域的轮船，刚刚启程，就已经挤满了精明能干的野心家、利欲熏心的投机者。作为老船长的王安石，早已被挤到船舷边。

在江宁的日子，据记载，是这样的："王荆公不耐静坐，非卧即行。晚卜居钟山谢公墩，自山距州城适相半，谓之半山。畜一驴，每食罢，必日一至钟山。纵步山间，倦则即定林而睡，往往至日昃乃归。"

就是骑着驴子，来来回回地在山水间走，每日如此。王安石是个坐不住的人，这一点可以想象。当年，他可是号称"拗相公"，说起国事，不惜跟好友翻脸，不惮在皇帝面前抗辩，厉声高呼："天变不足畏，祖宗不足法，人言不足恤！"这种人，心里有一团烈火，烤焦了自己不在乎；烧到了别人，那也只好说声抱歉，谁叫你挡在他的理想前面。比如苏轼，王安石是那么欣赏他，说："不知更几百年，方有如此人物。"但当苏轼一再上书反对新法时,他还是毫不迟疑地清除障碍,对神宗皇帝道:"苏轼确实才高,但所学不正……"要求黜退之。

对于变革者来说,最大的痛苦,不在于反对者众,而是反对者中,有亲朋好友,有向来推重欣赏的人。你知道他们都是好人,是君子,甚至是爱自己的,却还要面对他们的反对与质问。一万个敌人的仇视,痛不过一位朋友的误解。在王安石推行新法的过程中,这样的名单可以列出很长……

想到这一点,再回想起"拗相公"的称号,想到江宁山间,骑驴或踽踽独行的那位老人的瘦小身影,才更感觉到一种理想主义者的悲凉。战争时代的理想主义者如陆游,人们都赞赏他的报国心和勇气。和平年代,同样怀抱富国强兵理想而行动着的人们,却被指责与猜疑包围。和平时期无英雄,不是没有,而是人们并不需要。

在大一统的国家背景下,庞大的官僚政治体系得以顺利运转,也必然效率低下。但人们反而更加害怕变革。有革新,就会触动盘根错节的旧利益集团。至于本无多少利益可言的底层人民,已经习惯过于稀少的生存资源,更承受不了变革的阵痛,宁做稳定的奴才,也不愿冒险做变革的主人。

但是变法中的主人公,即使付出惨痛代价,在理想与热情的驱动下,还是抱有一线希望。退居江宁的王安石,每日例行的山间游走,说是纵情山水,猜想起来,还是一为驱闷,二来,也不无对山外消息的期待,不能真正忘情。

渔家傲

灯火已收正月半,山南山北花撩乱。闻说沶亭新水漫,骑款段,穿云入坞寻游伴。

却拂僧床褰素幔,千岩万壑春风暖。一弄松声悲急管,吹梦断,西看窗日犹嫌短。

这是元宵节过后,满城彩灯收起,开始出城探春。江南春天来得早,和京城大不同,此时已经是满山的花烂漫。

王安石平时的行走路线大概是这样的:他住在白塘的"半山园",离城七里,离钟山七里,如果入城,就坐只小船,但大部分时间,是去爬爬山,到寺里与和尚谈谈经什么的。这次,他听说山西侧沶亭的春水初涨,便想过去瞧瞧。款段,本来是行动迟缓的驽马,然而,王安石用来说他骑的那头驴。刚退居的时候,神宗皇帝曾赐给他一匹马,但这马可能水土不服,很快就死了。

王安石曾特地写诗以记之,《马毙》:"恩宽一老寄松筠,晏卧东窗度几春。天厩赐驹龙化去,谩容小蹇载闲身。"诗中颇有自嘲意味,此身已闲,马是无福再骑了,就弄头驴子相得益彰地混混吧!

　　这也可以看出宋代马匹稀少,平时出入骑马,是很特别的待遇。当然官员上朝,按规定必须骑马,以示尊重。而主动骑驴,就是表明正式地回到了民间,接受平民况味的生活。王安石现在就把自己当平民,一路爬上山,不嫌云深路滑,想找个游伴。游伴能有谁呢?很难说,也许是山寺的和尚,或者寄寓寺中的文士、画家。

　　但也许,游伴只是个幌子。或者运气不好没找到,因而跑到僧房内自个儿睡下了。王安石在钟山定林寺有一间自己的书斋,号"昭文斋",由僧房改成的,或许词中所指即此处。此处的清寂,与外面千山万壑中的春暖花开,形成视觉上的强烈对比,让人有一种欲静而不得静、欲闲又不得闲的奇妙预感。果然,他这一觉睡得并不安稳,被松涛声惊醒了。松涛声在门外,一声比一声急切,如有人吹着悲郁的笛管。这时,窗边已映上西沉落日,如果是心底无事的人,此时该出门观赏山间暮色吧,那也是很美的啊!王安石却只觉失望:让我多睡一会儿也好啊……

　　虽说人老爱嗜睡,可看看王安石——非行即卧,走得累极了,就随便靠在树上睡觉,状态实在不能算正常。那是心中有太多的郁结,行不能散之,再以睡忘之。

菩萨蛮

数家茅屋闲临水,轻衫短帽垂杨里。今日是何朝?看余度石桥。

梢梢新月偃,午醉醒来晚。何物最关情?黄鹂三两声。

此篇集前人诗句成词,极工巧又浑然天成。旷达随性,读者几乎都要被他瞒过去了,可是,"看余度石桥"的一个"看"字,露了马脚。如果真是那么出尘、那么潇洒,你要人家"看"你作甚?这样细一琢磨,他心里真是伤痛,而且完全无法对人说。大概也只有那头长年陪伴的驴子,听过这老人无数的叹息吧!

如此春夜,如此河山

一年又一年,山花开落,岁月悠长。山外,却是急风骇浪,谁在步步进逼,谁又在釜底抽薪?

1085年,宋神宗赵顼驾崩,仅十岁的第六子赵煦继位,在祖母太皇太后高氏的垂帘听政下,开始了皇帝生涯。高太后是坚定的守旧派,她立刻起用退隐的守旧派领袖司马光,向新党新政开刀。所有变法措施,都被雷厉风行地以秋风扫落叶的气势一一罢除。

山中的王安石,亦垂垂老矣,多年修身养性,早有心理准备,听到消息,夷然不以为意。直到"免役法"也被废止,他才愕然失声:"亦罢及此乎?"徘徊良久,终于忍不住长叹了:"此法终不可罢也。"

司马光闲居十五年,今日重新主持朝政,也已风烛残年,只恨苍天不给自己多些时间,能把王安石的痕迹清除得更干净些。这对当年好友,今日宿敌,在政治上做了最彻底的决裂与对抗。

所有的争斗由时间来收拾。一年后的夏与秋,两人相继去世,分别享年六十八岁和六十六岁。司马光尚年长两岁。

高太后的清除行动仍在继续,连变法期间从西夏夺得的千里土地,亦交还西夏,以免动刀兵。于是内外升平,其乐融融,史称"元祐之治"。辽、西夏亦称颂她"女中尧舜"之名。唯一可惜的是,她对孙子赵煦及其出身寒微的生母太过严厉,弄得小孩子很憋屈,起了逆反之心,对祖母暗中怀恨,一腔少年热情,都投入对老爸宋神宗的怀想和崇拜中了。终于熬到老祖母被死神带走的那天,开始亲政的哲宗皇帝,立刻召回新党人士。八年流放时光,把他们个个变得形销骨立、神色阴冷,像从瘴雨蛮烟中回来的怨灵。

有了太后、皇帝的亲自率领，北宋自此陷入党争泥坑。元丰党人、元祐党人，互诟对方为小人。君子争原则，小人不过争名利、争意气而已。虽然纷端起于"熙宁变法"，实际上，他们大都已经把变法的事给忘了。

　　有一个人，在混乱中显示出了卓尔不群的风姿，或者说不合时宜的傻瓜天赋。此人就是苏轼。党争中最倒霉的就是他。新党当政，旧党上台，他都惨遭打压。

　　原因很简单，他不站队伍，只说自己想说的话，结果，人人当他站错队伍。这次司马光废除的"免役法"，多年前，苏轼是反对的，并且力争，弄得王安石怒目而视。被外放各地当地方官，转了十几年回来，他又改变想法了，说："哎呀，那时候我偏见太深，太浅薄啦，仔细想想，这个免役法，其实还是不错的！"于是站在朝堂上反对司马光："专欲变熙宁之法，不复较量利害，参用所长。"你只想着打击报复，根本不管是非了吗？这次，司马光也怒目相向了。两人辩论多日，司马光可是大宋朝排名第一的认死理——哪里辩得过他，苏学士只得悻悻：什么司马光，你改名叫司马牛好了。

　　可惜，这些笑话，大概也传不到病榻上的王安石的耳里了。

　　"司马牛"和"拗相公"，一世之英才，都不为私利，只为政见，依然斗到你死我活。政治的残酷，在于伤及灵魂，把人变得不再像自己。有几个人能像苏轼那样单纯，在恶劣的环境中还能开着没心没肺的玩笑？

苏轼的单纯，还在于他经常仗着聪明，去口头挖苦别人。他完全败在一张嘴上，玩笑就罢了，还总讲真心话，不看时间、场合、别人的脸色。所以我怀疑，他一生这样倒霉，但到底得罪的是谁，敌人在哪里，估计到死他也弄不明白。

苏轼被王安石的新政赶出京城十几年，还遇上了天降横祸的"乌台诗案"，指控他用诗文谤讪新政。当然这种事苏轼是干过，可对方如此气势汹汹，必欲杀之而后快，完全是政治阴谋。李定、舒亶，主持此事的两名激进变法人士，年富力强、雄心勃勃，钻研数月，一心借苏轼将所有反对派一网打尽，连同司马光、范镇等人一并斩草除根。

如果不是神宗皇帝也觉得有些罪名罗织得可笑，加上以太皇太后为首的保苏派大力求情，苏轼这条命，连同那根滑稽的舌头，可真要断送掉了。

在保苏派中有一个意想不到的人，就是隐居山间的王安石。得到消息后，他连夜派人驰书，直送皇城，请求道："岂有圣世而杀才士乎？"抛弃政见，只为公道，只为惜才，这才是王安石之所以为王安石的原因所在。他是真国士，而非权臣。

四年多以后，1084年夏天的某一日，半山园中，出现了一位特殊的访客。此人正当盛年，体硕髯丰、言笑朗朗，正是刚从黄州谪居地回来的苏轼。

苏轼，此时可称其为东坡先生了——带着家小在黄州东坡开荒种地，故自号为"东坡"。他此行是接到神宗皇帝手诏，移官河南汝州。皇帝说念苏轼黜居思过这么多年，也差不多了，可以出来将功补罪了。虽然官职微小且无实权，但从偏远的湖北调到了京城门口，着实是个好兆头。大概，这也预示着朝廷的新动作，对新旧两派人士的重新评估和任用。

东坡先生接旨后当然要带着全家老小再次开路，可是他并没有直奔汝州。湖北到河南是向西北方向，他却沿着长江绕圈，硬是跑到了东南的江苏境内，还跑到了王安石的家里。

东坡先生一生行事单纯，但此举殊不可解。后来在路上奔波，幼子还染病死了，全家恸哭。东坡先生上书朝廷，备说饥寒苦楚，举家无力再行，请求就近到常州去居住。神宗皇帝竟然也很痛快地答应了。

我琢磨，东坡先生大概是终于长了点政治智慧，变法还在继续，守旧派中坚分子司马光等在蛰伏，时局未明，圣意难测，京城那是非之地，还是能躲开一时是一时吧！于是他想出了这么个拖延时间的主意。

经历了"乌台诗案"的磨难和黄州的历练，东坡先生已经不是逮谁都讲真心话了。信任是一方面，另一方面也是怕连累别人。乌台诗案中，仅因收到他一首赠诗就跟着获罪的朋友也是有的啊！

别人不可见、不敢见，但王安石不妨去见。王安石此时以老宰辅之身退居山林，正该避嫌，不与朝中人多加往来，却也欣然见了苏东坡，而不考虑大家都身份尴尬，处境微妙。我想，除了两人的确有相互的"致命吸引力"，还因为对于彼此的品性，都有一个确信不疑的保证。

关于苏轼与王安石的这次会面，有很多传言。尤以邵伯温《邵氏闻见录》最为活灵活现。邵伯温这个人，特别憎恨王安石，认为北宋之乱亡，都是王安石变法惹的祸。《邵氏闻见录》，基本上就是变法人士"丑行录"。

他说道，东坡力劝荆公为国仗义执言："今西方用兵，连年不解，东南数起大狱，公独无一言以救之乎？"荆公说他管不了，不敢管了，比画着两根手指道："二事皆惠卿启之，安石在外，安敢言？"然后又非常小心翼翼地说："出在安石口，入在子瞻耳。"今天的话，你可别跟他人说起啊！

既然如此，邵氏又如何知道的呢，还是绘声绘色的现场版？以二人当时之处境，都不可能明目张胆地非议朝政，王安石自不必说，东坡再直率，也不会无起码的政治涵养。吕惠卿这几年并不受神宗信任，被扔在外面当地方官，要说为祸国家，他也不够能耐。王安石怎么会蠢到把责任推到他头上？如此渲染，只是暗示王安石有把柄在吕惠卿手中——什么把柄让人心虚至此？看官自己想去吧！

事实上，苏轼在江宁，与王安石也就是谈诗论文、讲佛理而已。苏轼是上可陪玉皇大帝，下可陪卑田院乞儿，跟谁都能交朋友、有话说的人。即便如此，一个智慧的头脑，总是希望能与另一个智慧的头脑相遇，那种旗鼓相当的共鸣与碰撞，就算敌人之间也会互相敬重。

苏轼与王安石的这次会面，结果是互相为对方倾倒。别后，东坡去信："某游门下久矣，然未尝得如此行，朝夕闻所未闻，慰幸之极。"王荆公之学识深厚，果非虚言。而荆公对东坡之才更是早就爱惜有加。

交谈中，王安石建议苏轼不如干脆也在附近买田求舍，抛开政坛是非，做个逍遥人。但苏轼婉拒了："骑驴渺渺入荒陂，想见先生未病时。劝我试求三亩宅，从公已觉十年迟。"

劝与拒，都有相当的理由。王安石性虽执拗，却是明白世态人心的"野狐精"，深知仕途险恶，出于惜才，劝苏轼早日归隐。苏轼年富力强，天性爱热闹，虽然吃一堑长一智，但叫他放下一切，却也难下决心。

还有一个原因我个人是这样想的：苏轼虽然很欣赏王安石骑驴的卓绝形象，但"骑驴渺渺入荒陂"的那种清寂、高古，他自己，可不太乐意这样。

苏轼与驴的确不投缘。他喜欢骑的是马，连在黄州时那样艰苦的日子，他还弄到了一匹马骑，估计是做知州的好友送他的。在困境中，他当然也能夷然自守，可表现形式与王安石的静默完全不一样。他聚众喝酒，偷宰耕牛，喝得大醉，半夜里爬城墙；还自己在家里酿酒，酿出来的液体，自我吹嘘是很好喝，但所有喝过的人都疯狂地拉肚子。

这种人，哪怕一时间被整得噤若寒蝉，但稍不留神，他就又大开大合起来，没有什么能约束他飞扬活泼的天性，没有什么打击能让他失去纯真与顽心。他当然会嫌骑小毛驴来得不够爽利。而且东坡先生还是个高大的胖子。

西江月

照野弥弥浅浪，横空隐隐层霄。障泥未解玉骢骄，我欲醉眠芳草。

可惜一溪风月，莫教踏破琼瑶。解鞍欹枕绿杨桥，杜宇一声春晓。

词前有小序:"顷在黄州,春夜行蕲水中,过酒家饮。酒醉,乘月至一溪桥上,解鞍曲肱,醉卧少休。及觉已晓,乱山攒拥,流水锵然,疑非尘世也。书此数语桥柱上。"

他的寄情山水,和王安石就很不一样。他是真豁达,真的苦中作乐,乐到忘了苦,并且得意忘形起来。

如此春夜,如此河山,马儿也禁不住想要踏水、飞奔,尽情享受这清新温暖的晚风。但做主人的,反而沉静了,主要是喝多了,不好酒醉驭马。而且,他不想让那满溪的明月光,被马蹄踏破。这是醉后的诗性,带着孩童般的天真。于是,他睡着了,直到被鸟儿叫醒。你知道,这将又迎来一个无比美好的清晨。和荆公总是在黄昏时无奈地醒来,真是完全不一样。

于是,读者也跟着高兴起来。苏轼的词,很多时候,的确像一匹骄傲而快活的马儿,带着你的心灵,情不自禁地奔跑,迎风长啸。

王安石与苏轼别后的第二年,时势发生天翻地覆的变化,神宗皇帝因急病去世,守旧派翻身上台。苏轼亦青云直上,官至翰林学士、礼部尚书。谁也想不到,就在不远处,更残酷的流放在等着他,更蛮荒而美丽的土地,在为他盛开荆棘中的花朵。

同时,在江宁的王安石,将半山园捐给佛寺,自己搬到秦淮河边一民房居住,并安静地病死在那里。

时间就这样流逝了。谁的尘埃落定，谁的风云再起，在史册里都不过几页纸。唯一不变的是这莽莽大地，眼前万里河山。那些致力于让河山更美的人，历史怎么说都没关系，大地会有记忆。

多少年后，有一个叫梁启超的人，在他的书里，热情地赞扬陆游与王安石。关于陆游："诗界千年靡靡风，兵魂销尽国魂空。集中什九从军乐，亘古男儿一放翁。"关于王安石："若乃于三代下求完人，惟公庶足以当之矣。悠悠千祀，间生伟人，此国史之光。"并以英国的克伦威尔与王安石相比。

另一个叫林语堂的人，则讨厌王安石，超级崇拜东坡先生："苏东坡的人品，具有一个多才多艺的天才的深厚、广博、诙谐，有高度的智力，有天真烂漫的赤子之心……这些品质之荟萃于一身，是天地间的凤毛麟角。"

在我看来，其实他们都很好，都是仰之弥高，近看却感到亲切的可爱人物。我还相信，殊途同归，有一天，在地下相遇，他们会真正地比邻而居，谈天说笑共饮共醉——"司马牛"与"拗相公"也绝对能够重新成为朋友。

我要这花开到永远

三十年后无人识我

苏东坡比欧阳修足足小了三十岁。欧阳修每得到苏东坡的新作，都爱得不知如何是好，从早赞颂到晚，还自叹不如地说："三十年后，没有人知道我欧阳修了！"

欧阳修是海内文宗，"天下翕然师尊之"，最好提携后进，一时名臣，包括司马光、王安石这对冤家，都曾经他亲口举荐。处在名声与威望的高峰，却对后生小子如此不顾身份地夸奖，又对自己后世声名如此悲观。

"三十年后，没有人知道我欧阳修了！"长江后浪推前浪，作为前浪，有对后浪势头劲猛的喜悦，也有对可能死在沙滩上的悲凉——老先生想岔了，三十年算个啥，千年之后，您老的诗文、您老的名字，还闪闪发光地"坐"在汉语里呢！

苏轼当然记得他，从青春年少，记到白发苍苍。当自己也到了恩师当年的年纪时，这怀念越发深厚了。

木兰花令·次欧公西湖韵

霜余已失长淮阔，空听潺潺清颍咽。佳人犹唱醉翁词，四十三年如电抹。

草头秋露流珠滑，三五盈盈还二八。与余同是识翁人，惟有西湖波底月。

四十三年匆匆流逝，西湖边的佳人，还在唱醉翁当年写下的小词，世上还记得您面容的，却只有我与这波心的明月了。

这西湖，是颍州的西湖，在安徽阜阳，今天已经不足观，可在宋朝却是可比杭州西湖的佳丽地。欧阳修很喜欢这里，曾写过十首《采桑子》，以歌咏西湖之好，晚年干脆举家迁来终老。

欧阳修第一次到西湖时，遇见一位官妓。这姑娘是他的粉丝，有十二分的聪明，欧阳修的词作她都记得，两下里很是投契。欧阳修就和她约定了，以后有机会一定要来这里当太守。

几年后，他果然被调来这里，姑娘却不见了。惆怅之余，欧阳修在湖边撷芳亭柱上题诗一首，中云："柳絮已将春去远，海棠应恨我来迟。"三十多年后，苏东坡来此当太守，见到这首诗，笑道："这不就是唐代杜牧的'绿叶成阴子满枝'吗？"

杜牧是风流先辈。"十年一觉扬州梦，赢得青楼薄幸名"，何等落拓；"忽发狂言惊满座，两行红粉一时回"，何等狂放。而欧阳修的风流，稍微含蓄一些，没那么张扬，有时还透着点蔫儿坏。

某日，众人行酒令，规定各作诗两句，必须说到两件够得上判处流放之刑的重罪。一人道："持刀哄寡妇，下海劫人船。"又一人道："月黑杀人夜，风高放火天。"轮到欧阳修了，却说："酒粘衫袖重，花压帽檐偏。"大家表示很不解。欧阳修只好解释："酒粘衫袖重，是喝多了；花压帽檐偏，是色心已动。当此际，就算是流放以上的罪，也得犯了啊！"众人大笑，酒令算是欧阳修赢了。

欧阳修作词，接花间派艳情遗风，还活着时，就不断有人对他的词作提出质疑——一代大儒，怎么会写出这些绮艳的东西？是中了邪，还是被人陷害了？南宋时陈振孙就很确定地为之辩白说："鄙亵之语一二厕其中，当是仇人无名子所为也。"后来，欧阳修的词集印刻更多，流传更广，大家才恍然，何止一二，不和谐的东西，简直到处都是嘛！

欧阳修一生，因私生活问题被御史们弹劾过多次，最骇人的罪状，是与儿媳妇和外甥女通奸。这事闹到在皇帝面前对质，虽然最终都被证明是诬告。可是，人的名声，树的影儿，自己也确实招摇了些。"酒粘衫袖重，花压帽檐偏"的事干得多，艳词写得更多，且写得理直气壮，堂堂正正。

和晚唐五代的花间派词人大不同的是，他的艳词里，往往有深广的人生，有生活的热诚，有智者的哲思——这些，却不是浅薄的道德家们所能体味的。

此人有点偏执狂

官场上谁没个仇人？欧阳修仇人着实不少。《宋史》中如此评价："修平生与人尽言无所隐。及执政，士大夫有所干请，辄面谕可否，虽台谏官论事，亦必以是非诘之，以是怨诽益众。"又云："天资刚劲，见义勇为，虽机阱在前，触发之不顾"。

简直是拿得罪人当家常便饭。知子莫如母，其母亲早就说过："我家儿子性格刚硬，喜欢得罪人，总有一天会遇祸，老身早就做好思想准备了。"欧阳修的这位老娘，也是史上有名的贤媛良母，安贫乐道，于己于人，道德标准都极高。欧阳修之所以能成为欧阳修，与她的教导大有关系。

嘉祐二年（1057年），欧阳修作为贡举的主考官，把所有写流行的"太学体"的举子全给刷了下去,一个都没让考中进士。何谓"太学体"?即当时流行的一种"险怪奇涩"文体,有话不好好说,非要别出心裁,晦涩难懂。代表人物就是刘几。

刘几这一年也参加了考试。交来的试卷上,有一张写道:"天地轧,万物茁,圣人发。"试卷都是密封了姓名的。但欧阳修一见,便猜道:"这必是刘几。"提笔在文后续道:"秀才剌,试官刷。"秀才太荒谬,试官把你刷!又拿朱笔把卷子从头刷到尾,说这个唤作"红勒帛"——勒帛,腰带也。最后,他还批上"大纰谬"三字,拿出去高悬示众。等结果出来,这位"天地轧"举子,果然就是刘几。刘几也是倒霉,因几行文字遭主考官如此羞辱。

过了几年,欧阳修又当了殿试考官。一进场,就看到卷土重来的刘几站在阶下,大怒:"除恶务本,今必痛斥轻薄子,以除文章之害!"考试结束,欧阳修就在卷子里一阵翻,翻到一张,冷笑道:"我又把刘几逮到了!"大笔一挥,再次黜退之。放榜时发现,此人却是吴地来的萧稷。那刘几到哪里去了呢?请看沈括《梦溪笔谈》中的这段记载:

是时试《尧舜性仁赋》,有曰:"故得静而延年,独高五帝之寿;动而有勇,形为四罪之诛。"公大称赏，擢为第一人。及唱名，乃刘辉。人有识之者，曰："此刘几也，易名矣。"公愕然久之。

原来刘几改了名字，还被欧阳修亲手点取了状元！

欧阳修与刘几有仇吗？没有。他就是厌恶"太学体"文风，以为专弄险怪，一无用处，选取不出真正的人才。

回到嘉祐二年，由欧阳修主考的这一榜上，星光闪耀，风云际会。仅后世所谓"唐宋八大家"，榜上就来了三位：苏氏兄弟与曾巩。然后是曾巩的哥哥曾布，加上吕惠卿、章惇，将来会跟着王安石变法的一批。此外有洛党：搞理学的程颢、张载、蒋之奇、朱光庭……做到副宰相职务以上的就有七人。北宋中后期的政坛，基本上被这批青年进士包圆儿了。

欧阳修说道："用人不限资品，但择有才。"（《文忠集》卷一百）才是选到了，而他自己，放榜后一出门，就被落榜的"太学体"举子围殴，要不是巡逻侍卫来得快，就要把命送掉了。睡在家里，半夜有人往墙里面扔纸团，捡起来一看，是篇《祭欧阳修文》，咒他早死呢。

跟欧阳修打过交道的人都知道，这个人私底下很好相处，但涉及公事，便较真儿得令人生厌。

他曾和名臣曾公亮做同事。议论公事，欧阳修急躁执拗，曾公亮则拘谨古板，两人谈不到一块儿去，经常会横眉立目争吵起来，状如斗鸡。另一位老友韩琦则总闷在旁边，等二人吵累了，再缓缓以一语分解之，每次都把话说到点子上去，说得欧阳修很服气。

后来君臣聊天，宋英宗夸欧阳修是真性情，韩琦想了想，直率地说："真是真，就是有点儿偏执。"

这个偏执病到死也未改。六十二岁时，被委以统辖京东路八郡一州的重任，他拖着病体，干得井井有条；后来顺带把学生王安石正在热烈进行中的青苗法从本州给废除了——嫌"扰民"。王安石跟神宗皇帝抱怨："这老先生真狠呀，这变法的事，他走到哪里给败坏到哪里。"朝廷把欧阳修训了一顿，也没怎么着，倒是欧阳修身体不好，心情不好，索性甩手不干了。

为什么要针对狄青

仅有刚硬和执拗是不够的。在政坛上，作为元老重臣，欧阳修也有他的圆通与策略。尤其面对欣赏的人才，他是想尽办法提携，并在危难来时回护保全，比如对改变了险怪文风之后的刘几，比如对"庆历新政"中的范仲淹、韩琦诸人，再比如对名将狄青。

狄青是经欧阳修一纸上书，被夺去军权，剥夺枢密院使之位，出知陈州，并在陈州抑郁而亡的。表面上看，是欧阳修遵循重文抑武的国策，贬斥了狄青，其实没这么简单。

狄青军功赫赫，震动朝野，成为大宋万民心目中的传奇偶像，每一出门，京城百姓夹道欢呼，堵塞交通。复以一武将之身，入主国家军事最高机构——枢密院。仁宗皇帝身体很差，上朝时曾几度昏迷，立皇嗣问题悬而未决，正是王朝政局潜流暗涌、动荡不安之际。于是流言纷起，都传狄青有不臣之心，说他曾故意身着黄袍，说他家里狗头长角，夜生怪光，甚至说水灾也是应他而起的天变……

实际情况呢？若说此时有能力夺赵家天下的，也确实是狄青。狄青自恃忠心和军功，不思急流勇退，长此以往，必招致大祸，反与不反，都会身败名裂。欧阳修遂上《论狄青札子》，力辩狄青之忠诚，又故意贬低狄青的能力，说他虽然勇武，却不及古代名将之一二，只是稀里糊涂、不知进退的一介武夫罢了；然后劝皇帝，如果真想保全狄青，应立即将其外放，赶出京城，以平息物议。

宋仁宗是很喜欢狄青的，拿到折子还在留恋不舍，叹息道："他是忠臣。"与狄青同任枢密使的文彦博正色回答："太祖岂非周世宗忠臣？"当年宋太祖黄袍加身，夺取周世宗江山。此话一出，宋仁宗终于做出了决定。

文彦博文人带兵，对抵抗西夏入侵做出过贡献。他也认为狄青"忠肃"，无谋逆之心，但仍然坚决要将狄青赶出政治中心。退朝后，文彦博对仍摸不清状况的狄青说："无他，朝廷疑耳。"这句话说得无情，其实是很知心的。

武将本人可能并不跋扈，但一旦势力坐大，自会形成问鼎天下的态势。这时候，自有那不甘心的下属、野心勃勃的谋士、骄横得意的妻儿，会裹挟着他，做出未可知的事。北宋历晚唐五代纷乱而来，这宋祚本来也就是武将坐大，不光彩地从孤儿寡母手中夺来的。所以有太祖皇帝的"杯酒释兵权"，打压武将就是宋朝的基本国策。

历代名将毁于"不知进退"四字的，不知多少。韩信、周亚夫、岳飞……这是帝国王朝的运行规律，狄青的委屈，不能简单地以"重文抑武"或"文武不相能"来解答。

重文抑武，在一定历史条件下，利于维护王朝稳定，发展经济建设。而"文武相能"，从根本上看就是个伪命题。作为高高在上的孤家寡人，帝国君主最怕的就是文武相能，臣子们一条心，事情都办妥了，那么把皇上放在哪里！没有矛盾，皇帝也必须在朝臣们中间制造矛盾，使各派斗争以互相牵制，不至于权力失衡，不至于出现权臣、悍将，威胁到君主的绝对权威。

欧阳修与文彦博都太清楚这一点了，所以他们想出这主意，要让包括皇帝在内的各方势力，都能体面地下台，让一场权力之争的风暴消弭于无形。但对于狄青来说，这当然不公平，太憋屈了。

可怜此翁少白头

生年不满百，常怀千岁忧。欧阳修的生命里，始终有一股子尽心尽力去活的热情，怕时间来不及了的珍惜。

> 浪淘沙
>
> 今日北池游。漾漾轻舟。波光潋滟柳条柔。如此春来又春去，白了人头。
>
> 好妓好歌喉。不醉难休。劝君满满酌金瓯。纵使花时常病酒，也是风流。

欧阳修是少白头。他家境贫寒，先天发育不良，从小多病，长大了便有早衰之疾，三十岁就有了白头发，四十岁已经全白。那年他外放回京，顶着满头雪白、满面皱纹从御阶下过，把仁宗皇帝看得眼泪都快落下来了："卿何老如是！"

自号"醉翁"时，欧阳修还不到四十岁。对于老这回事，他实在是比别人更早就体会了。他早就知道了，天命有多无情，人意有多卑微，声名有多速朽。

如何解此无解之愁呢？赏花，喝酒，听歌伎唱歌，和朋友们说笑，不将这春天虚过，好歹有些用处吧！哪怕喝过头了，喝得伤了胃，伤了身，伤了心……也是风流啊！他这个"风流"里，有浓郁的酒气，是一个向着世间之美，眷恋而拥抱着的姿势。

欧阳修很爱很爱这个世界，爱女人，爱文艺，爱花朵，爱美，还爱年轻人身上蓬勃的朝气，爱这个国度……可世界对他并不特别友好。上天给这个热爱美好事物的人一个并不好看的外表。

眯着近视眼，龅牙，耳朵比脸还白，弱不禁风地站在那里，年轻时也不过如此，老了更不必说。跟美女们在一起，与其说左拥右抱，不如说是被劫持了。算命的倒说这是天生异相。在不相识的人看来，也就是个糟老头子。

古人很注重男人的外表，《世说新语》里对时代美男的津津乐道就不提了。直到宋朝，男人们还是要洁面修眉，精梳头，细挑衣，头插时令花枝，腰悬玉佩，拿着把扇子摇啊摇，跑到风月场上调情，才受欢迎。

欧阳修呢，第一次跟着大家进风月场所，就被姑娘无情地当面嘲笑了："你怎么长得这样丑？"以后只能走气质路线，以人品和才华取胜了。或许还有温柔体贴——他和三任妻子都恩爱甚笃，可是前两任老婆很年轻就病死了。

接连两次丧偶，外加一次丧子，自己身体也差，心底藏着的凄惶就更多了。

浪淘沙

把酒祝东风，且共从容。垂杨紫陌洛城东。总是当时携手处，游遍芳丛。

聚散苦匆匆，此恨无穷。今年花胜去年红。可惜明年花更好，知与谁同？

欧阳修在洛阳待了三年，二十五岁到二十七岁，最青葱、最快乐的日子。可就在这满城繁花里，藏着哀音。

词写于他到洛阳的第二年，与友人往城东踏青。是旧地重游，再次携手看花，本该很高兴吧？他想到的却是：有聚必有散，聚散苦匆匆，此恨无穷。你看，一转头的时间，他就从眼前的欢娱，联想到宇宙之无穷、人生之无常了。

唐代张若虚的《春江花月夜》，写到高潮处浩叹："人生代代无穷已,江月年年只相似。"所谓风花雪月,原来和这永恒的自然一样,是世间最无情物。

今年的花比去年还要红,明年也许会更好,怎么知道,那时候又会和谁在一起呢?此句非欧阳修独创。唐代诗人刘希夷有《代悲白头翁》,其中写道:

今年花落颜色改,明年花开复谁在?已见松柏摧为薪,更闻桑田变成海。古人无复洛城东,今人还对落花风。年年岁岁花相似,岁岁年年人不同。寄言全盛红颜子,应怜半死白头翁。此翁白头真可怜,伊昔红颜美少年……

这首诗,简直就像是在数百年前便为欧阳修写好的一样。

又过了一年,欧阳修从洛阳调回京城,还没站稳脚,便因替范仲淹说话,被贬往湖北宜昌,一待六年。果然被他说中了,不能和洛阳友人再次一起赏花了。

玉楼春

尊前拟把归期说,欲语春容先惨咽。人生自是有情痴,此恨不关风与月。

> 离歌且莫翻新阕，一曲能教肠寸结。直须看尽洛城花，始共春风容易别。

这是离开洛阳时，他于饯别宴席上写的一首词。座中有他的相好，他本想胡乱说个归期，好让她宽心，可还没开口，她美丽的脸上已经露出那样凄惨的神情，于是他说不下去了。

被离情别绪困扰着，欧阳修想起了一个可怕的命题：人生自是有情痴。

生而为人，为万物之灵，天生被感情这个东西控制着，那么痴缠，又那么脆弱。仅仅是离别，就能让人惨痛成这个样子，一个人死于心碎多么容易……有情皆苦，这是人类共同的命运，跟风月等外物的影响毫无关系。

离歌就不要翻着新再唱了，唱得人肝肠寸断。必须尽情地欣赏洛阳的牡丹，看得饱饱的，记在心里，才能够了无遗憾地告别这里的春风。欧阳修认为，人生本来就是残缺的，正因为如此，才要放开全部身心，去拥抱眼前能够拥抱的一切。

这就是欧阳修对人生交出的答案。他也这样做了，把一生的每件事，都做到了极致。为文，他是文坛领袖，诗词歌赋散文无所不精；为史，他编撰了《新唐书》《新五代史》；为官，他是三朝重臣元老；为政，他清明务实，选拔人才不遗余力；为艺，琴棋书画样样都能，还是金石文字专家。他还会跳舞，在酒宴中途跳下场去娱乐大家；他还爱喝酒，喝有美女作陪的花酒，沉醉花丛与沉醉山林，对他来说没什么区别……

他的一生丰美如此，许多普通人的经历加在一起尚不及他十分之一。他满意了吗？不再为"有情痴"的人类心灵所苦了吗？

不知道……只知道，在后来的岁月流逝，人事代谢，聚散匆匆中，洛阳花被他一再地想起，一再地吟唱，象征着青春与美的花朵，在他的生命里重重叠叠，盛开到尽头。

贬谪滁州，写下《醉翁亭记》的那段时间，公务之余，他让下属在官邸四周种了无数鲜花，并在公文上批示道："浅深红白宜相间，先后仍须次第栽。我欲四时携酒去，莫教一日不花开。"严肃的政府机关，被他弄得花团锦簇，蜂来蝶往，满头花白的他坐在里面，乐颠颠地端着只酒杯子。

真滑稽，可也真让人敬重。"我要这花开到永远。"这是以有涯向无涯挑战，是一种疲惫生活中不死的英雄梦想。这就是欧阳修的绝代风流。

贬谪者的春天

熙宁年间的老友记

减字木兰花·己卯儋耳春词

　　春牛春杖，无限春风来海上。便丐春工，染得桃红似肉红。

　　春幡春胜，一阵春风吹酒醒。不似天涯，卷起杨花似雪花。

　　这是苏轼于立春日在海南写下的一首词。写得欢欢喜喜。桃花在海风中红极，杨花漫卷如雪，迎春的仪式开始了，农人们正在播种希望。他自己也喝得晕乎乎的，待春风总算吹散了醉意，想起来，哇，这里，真的一点不像人们说的"天涯"啊！

　　现在的海南是旅游胜地，房价与物价齐齐高飞，人们仍乐此不疲地奔过去，在沙滩上被挤成鱼干状，只为享受一点碧海蓝天。

一千年前的海南，是个让绝大多数中国人恐惧的地方，宁愿坐牢、砍头都不要去。路途遥远，气候炎热，水土不服，缺医少药，还有野蛮土人，无数毒虫怪兽……谁会想到，它也有美丽的春天？

因缘际会，苏轼来了，看到了，并写下了海南的风、海南春天里的花朵——他也不是自己情愿来的，只是，倒了霉，不得已。

遵宋太祖遗训，本朝不得杀士大夫。对于文臣们，朝廷最常用的惩罚方法是贬谪。让你远离中原的繁华富庶，到穷乡僻壤反省去。罪行越大，去的地方就越远、越荒僻。一般地，到湖北、湖南。"湖广熟，天下足"，那是到明朝的事儿，北宋时的两湖地区，在人们心中，就是个乡下。脚步再往南，到了岭南，就是蛮夷之地了。养尊处优的官员们，听说被贬到这里，即使铁石心肠，也不得不跟家人痛哭诀别——再不哭就来不及了，谁知此生还能否再活着见面？最后就是海南，真真实实的天涯海角，大宋朝悬在海外最蛮荒的领土。能被撵到那里去的人，说实话挺罕见的，得硬生生拔了多少根龙须，揭了多少片龙鳞，得罪了多少权贵，才能获此"殊荣"啊！

海南人民淳朴，并不因为家乡被朝廷当成罪臣们的天然兽笼而沮丧，也不知道"势利眼"这个词怎么写。他们以朴素的是非观,热情地接纳了远道而来的"大人"们。

海南岛上建有五公祠,纪念唐宋以来被贬的五位大臣:李德裕、李纲、李光、赵鼎、胡铨。李德裕是晚唐"党争"领袖,后四位则是南宋时期因为主张抗金而被踢过来的。五公祠外,另有单独一祠,供的就是我们的东坡先生。

东坡在海南留下了比其他"大人"更多的故事与传说。比起其他"大人",他的个性更有趣,作风更平民化,在文化与生活上跟本地人的互动也更多……一言以蔽之,他跟他处的这个地方很"亲"。他是这样坦荡荡,竟把流放地也当成家乡一样去接受,所以,这个本该充满生命中的失落、恶意与危机的地方,也温情地接受了他,庇护了他。

东坡在海南待了三年。而初初渡过海峡,到达谪居地儋州城时,他已经年过六十,随身行李唯书二册,随从一个也无。常年同患难的爱姬王朝云业已病死在惠州,只有最小的儿子苏过,跟在白发如霜的老爹后面,忧心忡忡。

苏东坡是个大肚皮的胖子,那时没有啤酒,所以大家都说东坡先生这一肚皮装的都是学问,只有他自己和王朝云知道,里面装的都是"不合时宜"。不合时宜的东坡先生,在党争激烈的年代里,无论新党还是旧党上台,都显得那么碍眼。贬谪这回事,对他来说,早已经算是家常便饭,不过呢,都没这次来得凶猛。

贬谪者的春天　057

这一次，政敌是抱着置他于死地的决心，一赶再赶，赶尽杀绝。而且，不再有太皇太后那样的高层人物护着他，不再有友朋暗里守望相助……最重要的是，他已经老了，真的老了，发苍苍而齿摇摇，到了不堪奔波的年龄。

这一回，大家都说，苏东坡死定了，一把老骨头，要丢在瘴雨蛮烟、海角天涯的腥风里了。

东坡先生一生，除了爱开开玩笑、占点嘴头便宜，为人多么旷达随和，上可陪玉皇大帝，下可陪卑田院乞儿，他能有什么死敌呢？谁会忍心当真为难他？

有，这个人竟然还是他青年时代的好友，曾携手同游、守望相助的同伴，那是一个性格与苏轼完全不同的人，他的名字叫章惇。

关于章惇，宋代笔记里有两则故事，都是在他年轻时和苏轼同游中发生的。一次，两人在陕西，听说仙游潭风光好，便相约户外运动去。那时候还没有旅游开发，山水处于原始状态。于是，他们碰到难题了。

"下临绝壁万仞，岸甚狭，横木架桥。"风景虽好，但危险系数高。章惇便怂恿苏轼从桥上走过去，到对面的山壁上题字留念。苏轼望望然，不敢。章惇抬脚就走过去了，并拿绳子绑在树上，从容攀爬上下，在山壁上留下一行大字："章惇、苏轼到此一游。"

苏轼不禁抚着章惇的背叹道："你以后一定能杀人。"章惇问为啥，答曰："能拼自己命的人也就能杀人。"章惇哈哈大笑。

苏轼不愧冰雪心肝，有知人之明，这一刻，他对朋友半开玩笑的感叹里，有惊讶，更多的还是赞赏。苏轼交朋友，和他对待世事的态度一样，擅长发现闪光点，并由衷地赞美之。他是真心诚意地喜欢章惇身上的狂放、勇猛、刚毅，甚至，还带着一点点好友间的心照不宣和包庇。这时候，他是相信，自己的朋友，即使以后真的会"杀人"，那也一定有他必杀不可的正当理由。

还有一次，他们在山间小庙里喝酒，忽然听人说："有老虎！有老虎！"借着酒意，俩愣头青就骑马过去围观，离老虎差不多百十米的时候，马不干了——当我傻呢，陪浑小子玩命？说什么也不肯走了。苏轼一看，算啦，这事是挺危险的！掉转马头就往回跑。章惇却自岿然不动，从怀里摸了面破锣出来，往石头上一撞，动静之大，速度之快，真是迅雷不及掩耳之势。老虎受这一惊，不明所以，居然跳起来飞奔而逃了。

可见，苏轼像绝大多数的正常人，知风险、懂进退，不拿性命开玩笑。而章惇呢，则很有点豪侠气、枭雄气，做事有狠劲，亦有独出心裁的巧劲。这样的人，当他决定做一件事的时候，世上没有任何东西能够阻拦他。

章惇不是不够朋友。犹记元丰二年（1079年）的乌台诗案，苏轼被"变法派"的一些人罗织罪名下狱，其势危在旦夕，落井下石的大有人在。而身为变法派中坚力量的章惇，却挺身为苏轼辩护，并对宰相王珪当面直斥，极显当年攀岩、吓虎的勇气。事后，苏轼被贬到湖北黄州，亲友中没多少人敢去搭理他，也只有他的弟弟苏辙和章惇两人，隔三岔五地写信去劝慰。

事情是从什么时候开始改变的呢？可以肯定，是跟那场"熙宁变法"有关。而关键的转折点，应该从元祐年间说起：变法派的靠山宋神宗与精神领袖王安石都已病逝，守旧派高太后与司马光执政，对变法一众进行大清洗，将他们陆续赶出朝廷，甚至贬谪至岭南。岭南之谪，已经近百年没有大臣遭遇过了。守旧派中也有人反对，说处置太过严厉，恐怕将来会遭报应，然而还是被雷厉风行地执行了。

在一些人看来，这不过是除恶务尽，是"君子"对"小人"的一次清剿。然而，政见之别，真能作为划分忠奸的标准吗？王安石以下的变法团体中，有趋炎附势之徒，有投机者，可是，也有真为理想而鼓动的人啊！

不合时宜的苏轼，在自己好容易春风得意的一刻里，站出来，唱反调说："你们这样做太过分了，简直就是打击报复。"结果，连他也被赶出京城了。

一朝天子一朝臣，高太后去世后，哲宗皇帝继位，重新起用变法人士。他不知道，在多年的失望与怨恨中，他们中的大多数，已经变了模样，冷酷了心肠，磨利了爪牙，誓要报仇雪恨。

十年河东，十年河西，围绕变法的斗争，早已经脱离江山社稷的共识，到了你死我活的地步。这是北宋知识分子的一场集体悲剧，时代的精英们，将才华与生命耗费在无休止的内讧上。讲究修身、齐家、治国的士大夫们，不知不觉，将家国之责忘却。

章惇，重新回到权力中心时，成了为达目标六亲不认的人。曾经被苏轼赞赏的自信与刚毅，变成了自负与刻毒，而年少时的狂放，在岁月里，竟然化作了对这个世界无时无刻的嘲笑与不信任。

《宋史》中说章惇"豪俊，博学善文"，文学方面，我们并不曾看到他留下多少印迹。这个人毕生的心血与精力，都用在"变法"上了，准确地说，用在朝堂争斗上了。

不需要列出那些罪名，总之苏轼在近花甲之年，被一脚踢到了广东惠州。他在惠州待了三年，山水看遍了，热带水果吃够了，还作诗："日啖荔枝三百颗，不辞长作岭南人""报道先生春睡美，道人轻打五更钟"。诗流传到京城，章惇一看，好嘛，苏子瞻你还能这么快活！临门一脚，把子瞻老弟踢到了远得无从再远的海南。

贬谪者的春天　061

说起来，苏轼也真是的，您是在被流放、被处罚的状态中哎，拿出点敬业精神，做出些苦楚不堪状，让上面看着高兴一下，不好吗？何况，这日子客观上确实是很苦的。住不好，吃不饱，自己采野菜充饥，心爱的女人又死了，早该抱头痛哭了，为什么苏轼就不肯哭给大家看？不仅不哭，还得意扬扬？

章惇的怒火，就在这样的琢磨中熊熊燃烧起来。但我觉得，在心里，对于老友的随遇而安、自得其乐，他其实是嫉妒的，因为他做不到，也想不通，为什么有人能做到。

这么多年了，苏轼没变，还是那个胆子不算大、嘴巴不老实、接物太随和、处世没心机的好人。很宽容，很有趣，一个无论如何，你都会觉得他很可爱的人。

他曾认为这不算什么优点，他仰慕的是导师王安石那样的人，高瞻远瞩，杀伐决断，敢为天下先，建万世之功业。苏轼高才，名头响亮，也不过是个保守文人，哪有什么魄力，实不足与自己为死敌。然而，他还是慢慢地对苏轼痛恨起来了。

章惇惊异地发现，苏轼的内心比自己快乐很多。这个万变的无情的世界，谁能不被它耍得团团转？想坚持点什么，就要咬紧牙关和它死磕，但不管多累多痛，还是会不知不觉被改变了模样，变得自己都厌恶起这一个"我"来。

苏轼偏偏就可以不变，忠诚于自己的心，始终护卫着作为一个儒者、一个士大夫的原则，外界多纷扰，内心就有多丰饶。虽然他也常常迷惑、惊惧、不知所措，可这些都让他变得更从容更旷达，更可爱更有趣了。

而章惇自己呢，明明胸怀大志，抱着献身于一桩伟大事业的决心，却怎么就走到了今天，被愤怒与无力感缠绕着。每一天，睁开眼就要与天斗、与人斗，一边应付明枪暗箭，一边在人身后下黑手。那些人，无论是对手还是同伴，都一样的顽固、愚昧、狡诈，让他一刻不能放心，一刻无法安宁……

他倒要看看，到底怎么样，才能让苏轼真正地垮下来，让苏轼的心中和他一样充满戾气与怨恨。

可惜，苏轼收到了他送来的一切折磨，唯独没收到他的恨意，依然一厢情愿地相信：子瞻与子厚是好朋友，只是因为政见不同，不得不如此。

我想，我若是章惇，也只能对着这颗恶意怎么也无法侵蚀的赤子之心，悲愤地抓狂吧。

哲宗驾崩，徽宗上场，就是那个喜欢画画、球也踢得好的赵佶。章惇曾评价"端王轻佻，不可以君天下"，极力反对他即位。章惇怎么说也是为赵氏皇朝贡献了一生才智，慧眼识人的长处更是有的。他说得不错，正是端王的轻佻，将北宋的河山早早断送。

因这层恩怨，章惇被赵佶也贬到岭南去了，世事就是这样无常。与此同时，苏轼受到赦免，离开海南，正在从岭南取道北归的路上。以章惇的高傲，自然不会和老友说什么。倒是他的儿子，也是苏轼的门生章援，写了封哀婉恳切的信给苏轼，替父亲求情。苏轼拿着信，高兴得要命，对儿子苏过说："这篇文章写得好，有司马迁之风啊！"然后，回信道："我和你父亲为好友四十多年，虽然中间有些不合，并无损于交情……过去的事情就不用说了，只论将来……"

下面又絮絮提醒些岭南生活的注意事项，嘱咐他们多带些家常用药，自疗之余，亦可惠及邻里乡党之类。

不知道章惇见到这封信会怎么想，我能了解的是，千年之后，看到这样家常又宽厚的文字，亦能感到东坡先生身上那至真至善的人性光芒。

也就是这一年，东坡与世长辞了。北归途中逝于江苏常州。他终究没能回到家。

那一刻，"吴越之民，相与哭于市，其君子相吊于家，讣闻四方，无贤愚皆咨嗟出涕。太学之士数百人，相率饭僧慧林佛舍。呜呼！斯文坠矣，后生安所复仰？"。爱东坡的人，生前身后都是那样多。

章惇亦于四年后逝于岭南雷州，无声无息。

后世人常骂章惇是小人,背叛了与苏轼的友情。但看过他们的一生行径,我想事情未必如此简单。

东坡,他真是千古唯一的人,让无数人感到亲切并且敬爱他。而内心里,我更能感到共鸣的是章惇。因为在他那里,我看到的是一颗接近于我们平常人的心。软弱、自负、嫉妒、挣扎……许许多多的人性弱点,织就一团矛盾,善与恶共存,私欲与公义较量,被冷硬的现实压得快要爆裂了。

我们都很容易被诱惑,被环境同化,随波逐流,背离初衷,且不自知。只偶尔老天作弄,我们才在某个平常的清晨,忽然摔碎镜子,害怕里面的那个浑蛋、那个怪胎。正是这一点,让我也有点心疼章惇。

不过,章惇跟平常人还是不一样。他和导师王安石一样,身上有种孤绝的气质。这是历史上"变法者"们共同的气质:他们革命,他们执着无畏,虽千万人而吾往矣。同时,他们又太坚信手上的真理,不肯包容,不愿妥协,反对者越多,越发顽强、刚愎起来。到最后,六亲不认,众叛亲离。最糟糕的是,他们还不是通俗意义上的小人。小人好利,可以收买,可以讲条件;而他们,在意的不是私欲,是信仰。信仰才是人类所有情感中最崇高,也最可怕的东西。

章惇一生,打垮了很多敌人和亲友,还亲手打垮了自己。他整过东坡,可我也像东坡一样,恨他不起来。我的理由是:我知道,人性之恶就是这样难对付的,哪怕你志存高远,守身欲洁。

这真是悲哀。好在,我们还是知道,这世界上,至少还有一个人,不是这样的,他像个天才儿童一样,神奇地跳出了所有浊世的污染、人性的圈套……这个人就是苏东坡,古今中外只此一个的东坡先生。

谁能像他那样冰雪聪明,又没心没肺呢?

海南的月亮好看吗

"未曾痛哭过长夜的人,不足以语人生。"

所谓旷达,也是这样,必须体味过人生残酷,才能见到这一种风度的不凡。少年人不知世事,自以为潇洒,多半只是盲目乐观。

海南岛在北宋归广南西路,当时分为琼州、朱崖军、昌化军、万安军四个区。昌化军就是儋州,东坡被发配居住的地方。

东坡到达之后,照例得向朝廷汇报谢恩。《昌化军谢表》中,他说了一堆臣罪该万死之后,又道:"臣孤老无托,瘴疠交攻,子孙恸哭于江边,已为死别,魑魅逢迎于海上,宁许生还!"

这番话讲得真是好可怜。海南向来被称为"夷岛绝域",唐代谪臣杨炎曾写诗叹息:"一去一万里,千知千不还。崖州何处在,生度鬼门关。"去海南,对于当时中原人的震慑力,大约相当于把现代都市人送去亚马孙的食人生番部落。

气候湿热难耐,生存资源匮乏,而且满布化外之民:黎人。

黎人不服王化，不交赋税，即使归化了的所谓"熟黎"，官府盘剥狠了，立刻暴动，历代都让官府十分头痛。

北宋年间，政府采取怀柔政策，岛上气氛还算平和。许多黎人从山林来到平原进行农耕，生活逐渐汉化。不过，身上文着奇怪的花纹，说着土语的他们，还是让文明的外地来客憎怕。

东坡先生也怕。过海的时候，他就已经吓得半死，四川盆地出来的旱鸭子，被海上的风浪吹打得魂飞魄散，好容易上得岸来，左右一看，徘徊无依，什么都没有："食无肉，病无药，居无室，出无友，冬无炭，暑无寒泉……"有时候连饭都吃不上，只好重拾惠州故伎，到荒地里挖野菜，把那些草叶、草茎夸奖成延年益寿的美味。长日无聊，就和儿子在家里打坐，或上蹿下跳抓老鼠、逮蝙蝠，烧熟了也算是盘肉食。过得既像苦行僧，又像野人。很快他就瘦骨伶仃，还自嘲道：身轻如此，以后可以骑在鸟背上飞回家了。

昌化军使张中是苏轼的铁杆粉丝，借了官舍给父子俩住。没多久，朝廷派人来巡察，大怒，把父子俩赶出去，蹲在桄榔林里淋雨，附近百姓可怜他们，帮忙盖了几间茅草屋。

"某垂老投荒，无复生还之望。春与长子迈诀，已处置后事矣。今到海南，首当做棺，次便做墓。乃留手疏与诸子，死即葬于海外……生不挈棺，死不扶柩，此亦东坡之家风也。"

这封信札，是苏轼刚到海南时写的，简直是遗书，凄凄惶惶，还叫儿子们不要奔丧，说是家风，其实就是怕得狠了，不想儿孙也来虎狼之地送死。写到这儿，我不禁要微笑了，这才是个真实的苏东坡，七情六欲，他一点也不掩饰啊！

回想在黄州、惠州的谪居生活，我们对东坡的担心就会消失了。每次贬谪之初，东坡先生都是战战兢兢如惊弓之鸟，合乎人之常情，令政敌满意。可最多三个月吧，这家伙就快活了，故态复萌了。

黄州，开荒种菜，研究红烧猪肉的做法，和无赖汉一起偷宰耕牛，半夜翻城墙去喝酒……惠州，潜心于酿酒，把家里的钱都捐出来修桥修路，在"西湖"上修那条造福百代的"苏堤"——原则上，他已经不被允许参与地方事务了，他就偷偷地干。

在儋州，他干了些啥呢？

首先，他开了个书院，就是他自己的家，由张中出资，几个黎族书生挑砖搬瓦，在城南盖的几间小平房，他起名"载酒堂"。许多的士子，甚至跨海前来听课。他还编课本，教附近的孩子们。

海南人不习惯从事农业生产，断粮了，就挖山药之类块茎来吃，到处都是荒地。东坡就孜孜地跟人推销农耕的好处，还抄家伙带头挖水井……传统农业社会，一个尽职的地方官员所能做到

贬谪者的春天　069

的，最多也就这样了。东坡不是改革家，他一直是个脚踏实地的实干者，只是这实干，被"文豪"的名头给遮住了。

他跟一个远道来的朋友埋头制造墨锭，把房子烧着了，害得大家半夜起来救火。

带着条土狗，到处找人聊天，不管是仅有的几个读书人，还是村头闲汉、粗野黎人，他都有话说，还挺缠人："拜托讲个鬼故事吧？一个就行。"别人讲不出，他就自己讲。

做学问，写书，唱和完一百二十首陶渊明的诗——东坡是热情的"陶粉"。在海南，东坡诗写得多，词作得少。为什么呢？因为他开始严肃地总结平生了。

文章，在古代儒家知识分子看来是千古事，而诗言志，也很严肃。至于词，只是诗之余，余兴所寄。东坡不是拘谨的人，对词的体裁做了革命性创新，无事不可言，无意不可入，但终究，言起志来，词不如诗来得正式、得体。

千秋岁·次韵少游

岛边天外，未老身先退。珠泪溅，丹衷碎。声摇苍玉佩、色重黄金带。一万里，斜阳正与长安对。

道远谁云会，罪大天能盖。君命重，臣节在。新恩犹可觊，旧学终难改。吾已矣，乘桴且恁浮于海。

说是词，其实说是词形式的诗更恰当。要是给李清照看了，她肯定要撇撇嘴，说："句读不葺之诗尔，又往往不协音律……"（李清照《词论》）

说到词体，前人总结说："要眇宜修"；"其文小，其质轻，其径狭，其境隐"……这些创作条框，在东坡的这首词里形同虚设。

上阕写处境：身为臣子，获罪于朝廷，被扔到天外孤岛。斜阳下，一身所在，与长安相距万里之遥——真是落日孤臣心。下阕紧紧跟进，诉说心境，"道远谁云会，罪大天能盖"，竟然将悲惨境遇用一种孤绝的豪气揭过了。"君命重，臣节在"，说君臣之大义，自己身为臣子的节操。"新恩犹可觊，旧学终难改"，即使朝廷有可能施恩，自己的旧主张却是再难改的了。

东坡一生为了不合时宜的政治主张，付出太大代价，他也曾怀疑过，徘徊过，到了这境遇最艰难时，反倒更坚定了。"吾已矣，乘桴且恁浮于海。"我就这样了，大不了拾几根竹子，搭只小船出海——这倒也行，在海南想出海太容易啦！

"道不行，乘桴浮于海。"孔夫子当年说这句话时，还有些赌气成分，对于今天的东坡，则更多显示的是对毕生信念进行确定后的坦然。句句铿锵，和气的东坡先生，也有风采凛然的一面。

这首词是写来与秦少游唱和的,而少游的《千秋岁》原词是:

> 水边沙外,城郭春寒退。花影乱,莺声碎。飘零疏酒盏,离别宽衣带。人不见,碧云暮合空相对。
>
> 忆昔西池会,鹓鹭同飞盖。携手处,今谁在?日边清梦断,镜里朱颜改。春去也,飞红万点愁如海。

秦少游此时也在贬谪途中,他的小词,就很合乎词体,情境婉转,凄美不可方物。写出来后,照例天下流传,传到丞相曾布耳里,失惊道:"秦七必不久于世,岂有愁如海而可存乎?"

果然,不久秦观就与世长辞了。这就是所谓"诗谶"。衡阳太守孔毅甫的话,更佐证了不祥之兆。少游写词时正与孔太守喝酒,少游走后,太守悄悄对身边人道:"秦少游气色很不好,估计活不久了。"

当迷信也罢,但"春去也,飞红万点愁如海",把春愁写得如此深重诡谲,的确是非人间的凄恻。东坡估计看出来了,可惜,他坚毅雄浑的次韵,也没能把原词里的隐约鬼气驱散。

秦少游不是苏东坡,他的人生太文艺,充满感伤和戏剧性,不够从容与旷达——而旷达，并不容易。真正禁得起考验的旷达，要有看透世事的智慧，有对人性的慈悲，还要以强大的内心做后盾。这个人必须知道，他只是宇宙中渺小的个体，是多么局限的小人物。有了这份自知，他便不会自我膨胀，不会在欲望中失去自我。同时，他也不会自卑，他仍然拥有"人为万物之灵"的自豪感，不会放弃对精神世界的追求，不会回避对灵魂的磨砺。这样的人，肉身行走在厚重的大地上，而心灵将高飞远翔，飞越生命的艰山险水，得到自由。

真正旷达之人，俯仰天地间而无愧，于东坡，它来自终生对人性的尊重，对士大夫良知与责任感的坚持。人们熟知的没心没肺、促狭胡闹……种种心灵的轻逸，正是由所有这些常人不敢接受的沉重所造就的。

西江月

世事一场大梦，人生几度秋凉？夜来风叶已鸣廊，看取眉头鬓上。

酒贱常愁客少，月明多被云妨。中秋谁与共孤光，把盏凄然北望。

这一首词，是中秋写来思念弟弟苏辙的。[1]苏辙被贬到循州，正好和苏轼隔海相望。兄弟俩少年时一起离蜀，上京城，中进士，不尽风流风光，然而一入官场岁月催，不胜人生一场醉，聚少离多。

每一年的月亮都是一样的，人却在月光下慢慢转换了容颜。同样是寄予亲兄弟，这一首，与二十一年前在密州（今山东诸城）写下的那首《水调歌头》对照，人与事，许多都不一样了。

水调歌头

丙辰中秋，欢饮达旦，大醉，作此篇，兼怀子由。

明月几时有？把酒问青天。不知天上宫阙，今夕是何年。我欲乘风归去，又恐琼楼玉宇，高处不胜寒。起舞弄清影，何似在人间。

转朱阁，低绮户，照无眠。不应有恨，何事长向别时圆？人有悲欢离合，月有阴晴圆缺，此事古难全。但愿人长久，千里共婵娟。

写这首词是在密州，东坡才四十岁，虽然反对变法被赶出京

---

1 关于这首词的写作时间，说法不一。这里作者采用的是1097年作于儋州的说法。——编者注

城，也只是暂时不得志。这一年，变法遇到危机，王安石于内忧外患中辞去相位，退居金陵。当前局势，危机重重，却也大有希望。东坡也在逆境中怀着热切的政治抱负。

政治肮脏，因为人们总是把政治搞成私欲。但苏东坡写他的政治抱负，就有着琼楼玉宇般的皎洁，他说他想要乘风归去，不理人间俗务，又终于心有所系，不胜天上的孤寒。这些话，换个人来说就有些矫情，但由苏轼来说，理所当然，你愿意相信他真的是天上谪仙，来这人间走一回。在人间的苏轼，历尽艰辛。他的眼与心，随月光移动，明澈的目光注视着一切悲欢离合，他叹："此事古难全。"他又微笑："但愿人长久，千里共婵娟。"

所有过着中秋的中国人，读到这里，都将悠然会心。这是完全中国式的对于现世无常殷切而又温暖的答案。而于苏氏兄弟，其中更饱含为理想而互勉的心意。

在海南过的中秋节呢？宿命式的感叹，开篇就直击人心的苍凉。这是一首属于老人的词，把风景看透，又对一切怀着淡淡的眷恋。

眉头有愁，发上有霜，座中无客，明月不现，真是挺惨淡的事。但他讲述得平静，让听的人心里更不好受。每逢佳节倍思亲，看了中秋的月，才知道，亲人有多远，寂寞有多深。那一道海峡，就是不可逾越的天堑。传说又是章惇的主意，非要让兄弟俩隔海相望而不得见。我倒觉得章惇未必无聊至此。况且，以东坡的性子，政策稍一松动些了，偷偷渡海去见面，也不是没有可能，只要上苍肯给他足够的时间。

问题就在于，时间已经不多了。长夜将尽，大梦初醒，这已是最后的时刻。

"海南的月亮，好看吗？"东坡先生北望的目光有些凄凉。

他没有回答这个问题。可是，又怎么样呢？幸灾乐祸的人又能如何？明月就是明月，乌云遮它不住。那一轮清光，终究属于东坡，和东坡爱着的人们——哪怕隔着千里，隔着海峡，隔着生与死。

东坡最后还是接到赦令，离开了海南。海南人记住了他。他也俨然把自己当成了海南人。在一首诗里，他说道："我本海南民，寄生西蜀州。忽然跨海去，譬如事远游。"

犹记得，十几年前，东坡还没有踏上过岭南的土地，他的朋友王定国，已经因为"乌台诗案"的牵连被贬往岭南——也算是东坡惹的祸。王定国在那边待了三年，死了两个儿子，自己也差点一命呜呼，东坡很不好意思见他，怕被当作瘟神。王定国倒不小心眼，一回来，就找东坡叙旧。

王家有个歌姬叫柔奴，别名寓娘，女孩是京师人，陪着主人去岭南共患难。她运气比王朝云好，竟然安全回来了。东坡向来怜香惜玉，又好跟女孩子搭讪，就问她："那边的风土，应该不怎么好吧？"柔奴回答说："此心安处，便是吾乡。"东坡大喜，立刻提笔作词相赠。

定风波·南海归赠王定国侍人寓娘

常羡人间琢玉郎，天应乞与点酥娘。尽道清歌传皓齿，风起，雪飞炎海变清凉。

万里归来颜愈少，微笑，笑时犹带岭梅香。试问岭南应不好？却道：此心安处是吾乡。

东坡为什么这样高兴？无他，遇知音了。这句话正是东坡安身立命的所在，他是传统儒家知识分子，同时深受佛老之学影响。而不管是儒家推崇的"一箪食，一瓢饮，在陋巷不改其乐"，还是佛家的识无常之苦，本来无一物，抑或是老子的清静无为，庄周的似梦非梦，纵身大化……都在一波又一波的磨难中，被东坡融会，形成了他独特的人生哲学。

现实中的家园是脆弱的。人只要活在社会中，就会有所求，就会面临得失，就会有忧患之心，然后面临自我处境与价值实现的困惑，这是无法避免的事情。所以，不管走到哪里，是在故乡还是在异乡，心不能安定下来，结果都是一样的不快乐。

而找到内心的安定后，无论走到多糟糕的地方，也可以把它建造成家园，创造出未曾想象过的奇迹。就像词中那个会唱歌的女孩儿，她是上天赐予朋友的礼物，当歌声从她的皓齿间传出，仿佛有风起、雪飞，使炎热变成清凉。

此心安处是吾乡，怎样才能做到？东坡的答案是保持一颗无邪的赤子之心。所谓赤子，并不简单地是"童稚"之意，它来源于童真，又超越童年蒙昧，达到纯粹浑然的一种精神境界。

赤子用最自然的状态迎接所有，当歌则歌，当哭则哭，当笑则笑，当怒则怒，毫无滞碍；赤子用善意与好奇打量世界，对污秽有直觉的洞察而不会被传染；赤子不在意别人怎么看怎么说，他只要做自己就很满意……东坡就是一个真正具备赤子之心的人，所以，他的生命质量才能够如此厚重，又如此轻盈。

东坡激赏的柔奴姑娘，也同样有赤子之心。她经历磨折，从万里外归来，容颜反而更娇美年轻了。她的微笑里，似乎还带着岭外梅花的清香。就是这样，岁月对那些天真而纯粹的人没有办法，风霜只能让他们变得更美好。

"问汝平生功业，黄州、惠州、儋州。"东坡在去世前不久，这样总结一生。世俗眼光中名副其实的滑铁卢，却是他回忆时最大的骄傲。

秦少游曾说："苏氏之道，最深于性命自得之际，其次，则器足以任重，识足以致远，至于议论文章，乃其与世周旋，至粗者也。"(《淮海集》卷三十)少游看自己老看不大明白，评价东坡却有见地。他认为，苏轼的才识中最高深的是他的人生观，其次是治国经世的担当与识见，最后，才是文学。

知道了这一种"苏氏之道"，也就可以理解，在月光下叹息着的苏东坡；须发披霜、满心忧伤的苏东坡，同时也就是那个阳光下快活着的东坡啊！

那个有趣、洒脱、自在的老顽童，顶着西瓜，在田野里边走边唱，和孩童们一起吹着木叶在风中跳跃。

穿戴庄稼人的斗笠蓑衣，在雨地里蹚水，引得狗吠人笑。

不辞辛苦地走好几里路，到海边采水果。据说那里的水果，如果人们想要带走的话，就会风浪大作。

为泡脚、梳头这种小事写诗，并继续"吹嘘"为养生妙法，还同情官人们不懂这样的好事。

丰收的时候，和农人一起喝酒庆祝，被黎族少女们的花裙团团围住，开心地大醉……

海南的月亮好不好看，还用问吗？

怪御史与一枝梅

虞美人·寄公度

芙蓉落尽天涵水,日暮沧波起。背飞双燕贴云寒,独向小楼东畔、倚阑看。

浮生只合尊前老,雪满长安道。故人早晚上高台,赠我江南春色、一枝梅。

什么是乐观主义精神?这就是。这也是一位老兄在谪居中写的。

这是一个秋水长天的时刻,黄昏渐渐苍茫,深深地把人笼罩,风光早已不再明媚,却别具花朝月夕所不能有的寥阔。这个人独自凭栏,手握酒杯,看寒气中低飞的双燕,心里面有一些忧伤,有一些对命运的不甘,但他伫望的身姿,并没有因此而显出一点点颓唐。

这样的时刻，面对湖山暮色，烟波浩渺，有灵魂的人，谁能不生出浮世中的虚妄感？"浮生只合尊前老，雪满长安道。"这是极尽沧桑的句子。回望长安，他的来路，只看见寒冷洁白的积雪，那是他意象里的京城，雪有多厚，那里的冷与残酷就有多深。但雪，从另一层意义上来说，又是孤高而坚贞的，一如他对自己的期许——一个肝胆如冰雪的孤臣，被放逐的屈子。

然后，他仰望天空的眼眸里，就有了慢慢坚定下来的笑意。他希望，他相信，这首词的读者，那位亲切的故人，早晚会去那高台之上，折下最早开放的一枝梅花，把那江南的春色寄来。

那枝傲雪开放的梅花，是故人的友情，是寒意里不灭的温暖，是终将到来的春天的讯息，更是他自己的信心。

一个人在逆境中保持乐观，要么，源于对时局胸有成竹；要么，是他无愧于心，可以坦然面对所有磨折。"小人长戚戚"，小人是很少有开心时刻的，情况不妙的时候，他们会更加咬牙切齿，哭天怨地。

你会由衷地觉得：这样一首词，多么豪迈清远，写下这首词的人，也该是高洁坦荡的吧？千年之前，那个独自凭栏的人，传给后世读者们的信息，就是这样的。

那么，这位胸襟不凡的仁兄是谁呢？他的大名叫舒亶。在群星璀璨的宋代词坛，他没什么名气。事实上，在历史中，他也

贬谪者的春天

只是个小人物。而能够得到被后世偶然关注的机会，也完全是因为，在某次著名事件中，他的名字和名人牵连在一起，而且，是以极其不光彩的形象。

他就是在"乌台诗案"中，害得东坡先生差点一命呜呼的家伙。他是这起文字狱的制造者之一，因为整人的手段最恶毒，攻击的姿态最无耻，而荣登"当朝奸邪小人排行榜"。

收集东坡的诗文，夙夜埋首其中，寻找每一处可以深文附会的地方，然后，一顶顶的帽子扣过来：交结朋党，讥谤朝政，欺君罔上……在宽待文人的北宋，也快够杀头灭族了。他来势如此凶猛，几页纸就弄得朝堂之上人人自危，连宰相们都小心地闭上了嘴。

这是他生平最斗志昂扬的时刻，每一步都走得急切而干脆。谁都看得出，与其说为维护皇帝的尊严，还不如说，这位御史大人，是在为进行中的变法运动开道，清除所有拦在路上的人，不管对方来头有多大，名声有多显赫。

他选择了拿苏轼开刀。为什么呢？首先，苏轼是个大嘴巴，他当时远离朝廷，在地方上做太守。新法推行中的许多弊端，他亲眼看到，不敢明说，背地里和亲朋好友可真发了不少牢骚。他又擅长诗文，提笔一首一首，字里行间，少不得含沙射影。这一点尤其讨厌，因为他是名人，而名人的影响力总是大的。

然后，在朝在野，苏轼都有极好的人脉，新党中都多有他好友。尤其，他和蛰伏于洛阳的旧党领袖司马光交情深，明里暗里，为司马光的被罢免鸣了好多不平。所以，在新党眼里，苏轼这块拦路石，简直比司马光还碍事。

舒亶并不是单独跳出来的，他的同伴，还有御史台的一批同仁，如李定、何正臣等，大都是变法运动中经王安石选拔而崛起的政坛新秀——苏轼曾在诗文中讽刺地称他们为"新进"之流。作为大宋第一才子，偶像级人物，苏轼这种不屑的态度，对"新进"们来说，还真是挺伤人的。好在，现在他们不用忍气吞声了。

舒亶身在御史台，这是攻击政敌的天然好位置。御史台的人，理论上严禁参与党争，严禁与大臣们有私交，但，会被严禁的事，就说明永远不会禁得住。何况，御史也是人，也有个人想法，谁能管得住一个小小御史，在私下里，在内心深处，是个坚定的新法拥戴者呢？

舒亶就此被推上了前台，于聚光灯下兴风作浪。他干得很好，瞬间扳倒苏轼，而司马光以下的旧党主力，几乎被一网打尽。

"乌台诗案"，在文祸稀少的北宋政坛上，可谓一朵奇葩，诱人之处，连向来八面玲珑的副相王珪，都忍不住抛下了他的赌注。他受舒亶的启发，拿着苏轼的一首诗，跑到皇帝面前告状。诗是咏桧树的："凛然相对敢相欺，直干凌空未要奇。根到九泉无曲处，世间惟有蛰龙知。"

王珪说："陛下飞龙在天，轼以为不知己，而求之地下之蛰龙，非不臣而何？"这话太毒了，意思是：陛下您看，苏轼他根本不认您当皇上，他这是谋逆啊！

不幸，皇帝没上这个套儿，宋神宗冷冷地说："诗人之词，安可如此论？彼自咏桧，何预朕事？"

本来苏轼的事已经够烦了，朝堂乱成一团，后宫内，曹太后抱病求情，远在金陵的王安石也驰书进谏……焦头烂额之际，突然跳出个蹩脚的马屁精，企图侮辱皇帝的智商，宋神宗气不打一处来。

王珪身为副相，三朝元老，在北宋政坛上也算很有特色。其为官宗旨就是明哲保身，无过即有功。新旧两党打得炮火满天，他一直作无视状，此刻竟亲自来打小报告，实在有失相爷体统，碰一鼻子灰也是活该。由此也可见，能让这等老奸巨猾出手，"乌台诗案"于东坡和旧党的影响多么恶劣。

"乌台诗案"最终有了一个两党都不太满意的结局，但于苏轼已是不幸中之万幸，他只是被贬到黄州，由地方看管。一干涉案人员里，驸马王诜身为皇亲，第一时间给犯人通风报信，免官；王定国，老爱跟着苏轼喝酒鬼混，发配岭南宾州；弟弟苏辙降职外调；其他如司马光、张方平、范镇等人，都被重金罚款。

舒亶很不满意，连上奏章，痛切陈词，要求将司马光、苏轼等人处死——读史至此，再心平气和的人也不禁愤怒了，你有完没完啊！用得着赶尽杀绝吗！

舒亶后来名列《宋史·奸臣传》，同时代名臣大儒在纸页里光芒四射，越发显得他这个小角色像苍蝇一样可厌了。

不过，若平心静气，从事件背后潜下去，把这"小人"的一生摊开来，从头阅读，也许会发现，事情还有更多角度，他的人生还有更多看点。

舒亶来自浙江慈溪的普通农家，求学于"庆历五先生"之一的楼郁，于英宗年间考中进士，礼部考试中名列第一，此时年仅二十四岁。那是北宋英才竞出的时代，能够脱颖而出，可见其才华绝非泛泛。据说他博闻强记，挥笔成文，加上身材高大，眼神坚定，一眼望去，毫无疑问是个前途远大的年轻人。

年轻人初入仕途，任临海县尉，主管地方治安。上任不久，去抓一个喝多了殴打后妈的犯人，醉鬼嘛，看见官兵来了还耍横，县尉大人大怒，亲身上前，一刀斩之。

往好里说，这叫疾恶如仇；往坏里想，是草菅人命。舒亶自己也情知不像话，写了请罪表，主动辞职滚回家了。王安石听说

贬谪者的春天　085

后，倒很赏识他，变法正需此等猛人，遂调来京城。不久舒亶被派出使西夏，谈判疆界事宜。西夏跟宋朝刚打完仗呢，他就单枪匹马去了，被对方拿刀架在脖子上，仍大模大样，慷慨陈词，不让大宋丢一分面子，端的是条好汉子。

很快，舒亶成了新党的坚定拥护者——不管出于投机，还是真诚的理想，总之，为了维护变法，他连干了几件得意事，包括经手郑侠《流民图》一案，相应地，官职越来越高。

他办事的特点是严苛冷酷，冷着一张不会笑的脸，坐在堂上，俨然正义女神的仆人。所以后来，他就被派到御史台去了。

在御史台，除了臭名昭著的"乌台诗案"，舒亶还有件被人戳脊梁骨的事。同属新党，并曾对舒亶有举荐之恩的张商英大人，有次写信来，附寄女婿的文章，说请指点一二。舒亶把信和文章都送到皇帝那去了，弹劾张商英以宰辅之重，干扰谏官工作。这个罪名不小，正好踩到皇帝痛脚上，张商英立刻被免职。

"真是忘恩负义的小人啊！"人们骂道。不过呢，想象一下，皇帝也不是瞎子和白痴，龙案上现放着张商英的信，如果只是普通的文字交往，至于龙颜大怒吗？

《宋史》是元朝人编写的，成书仓促，在二十四史中有繁芜杂乱之称，于史料常少甄别，随意采用笔记野史。关于舒亶的记载，多数取自邵伯温的《邵氏闻见录》。邵先生那是铁杆旧党啊，一本笔记，硬生生写成"新党罪行录"。所以，我很怀疑，关于张商英的事，其中另有隐情。

与邵伯温同时代的魏泰（新党背景）笔下，《东轩笔记》里，情况则是这样的：原来，张商英的女婿今年要参加科举，所以老丈人才来找舒亶，暗示帮一下忙，没料到，老交情敌不过舒大人的正义感，倒了个大霉。

过往恩情就算了，大家好歹同一个阵营，扳倒张商英，于公于私，一点好处都没有。干这种事，他到底怎么想的？

要解释清楚，我们有必要回过头来，先把御史台的部门职能说一下。

从秦汉时起，"御史"就是专门的监察性官职，号为"治官之官"，首要职能是替皇帝监察百官。西汉时的御史府内有很多柏树，树上住了几千只乌鸦，每天黄昏，群鸦归巢，其势如黑云，蔚为壮观，御史府因此又被称为"乌府""乌台"，这也是"乌台诗案"名字的由来。

栖身"乌台"的御史们，在其他官员眼里，也像是一群乌鸦，面有菜色，举止土气，神情阴沉，出现在哪里，哪里准没好事。上下朝时，大臣们扎堆聊个天，唯独御史身边方圆十米之内，人影寥寥无几——御史们自己都懒得互相搭理，更别说人情往来了。谁活腻了，才想到御史家拜个年，给他家小孩子塞个红包啊?

宋朝皇帝加强君权与中央集权,御史台的职能也强化了,集监察、弹劾、审判于一体。御史们对宰相、宦官、军事机构和皇亲贵戚都有监察权,还能参议朝政,荐举官员。最重要的是,"言官无罪"的传统继续发扬光大,有时候,明知道御史是在瞎弹劾,你还拿他没办法,只能自认晦气。

御史们的原则呢,通常是"宁杀错,勿放过",管你三七二十一,风吹草动就扑上来,小到妻妾吵架,大到预谋叛逆,都要奏你几本再说。

这也是个很有职业前途的岗位。宋代宰执,常有从御史中丞升上去的。御史们平日里,都憋着股劲儿,想办大案、要案。最好能扳倒某显贵政要、皇亲国戚,这仕途上的资本就足了。舒亶之攻击张商英,有可能,就是这个动机。不过,从当时形势看,他这个时机又选得很不好,代价大而收益小。所以呢,我也有点怀疑,他说不定,就是被身为言官的强烈责任心给刺激得抽风了!

百官都讨厌御史,但皇帝喜欢。在皇帝眼里,这就是一群永远跟在百官尤其是两府宰执身后,咆哮着的皇家忠犬——话说回来,这么好用的走狗,谁不想拥有几只呢?排除异己,打击政敌,对付皇帝的猜忌……御史台能有自己的人,那可真是必需的。这就是舒亶能够突然之间异军突起、兴风作浪的原因。

但御史也不是好当的。要顶得住孤独，接受被人们当"瘟神"的命运；要当好道德标兵，以免被人质疑当御史的资格；由于不敢捞外财，御史通常都很穷；心理压力也大，盯着别人的时候，别人也正盯着你，只等你露出破绽……

他们气焰嚣张，其实又势单力薄，唯一的依靠是皇帝的信任，可这信任，并不是永不动摇的。

通常，皇帝会从年轻的底层官员中挑出御史人选。年轻才有锐气，才敢说话；最好是出身平民，家境普通，贫寒最好，富人家的孩子好逸恶劳，吃不得苦；官宦世家也不行，牵枝带蔓的关系太多，很难公正做事。最重要的，是对朝廷绝对的忠诚，以及公事上的正直无私。而偏执、严苛、孤僻……这些个性缺点倒无所谓，甚至更有助于做一个合格的御史。

能干好御史这差使，人格上肯定跟正常人有区别。拿好榜样来说，"关节不到，有阎罗包老"，包拯包青天大人，就是从御史干过来的。

舒亶六亲不认，胆大妄为，简直天生就是当御史的料！而几纸奏折就能打动宋神宗，凭的可不就是那对皇帝的赤胆忠心、对社稷江山的无限热爱、对奸臣逆党的痛心疾首嘛！

他的数据又这么翔实："至于包藏祸心，怨望其上，讪渎漫骂，而无复人臣之节者，未有如轼也。盖陛下发钱以本业贫民，则曰'赢得儿童语音好，一年强半在城中'；陛下明法以课试郡吏，则曰'读书万卷不读律，致君尧舜知无术'；陛下兴水利，则曰'东海若知明主意，应教斥卤变桑田'；陛下谨盐禁，则曰'岂是闻韶解忘味，尔来三月食无盐'。"

皇帝再爱东坡的才华，也不禁愤怒了——朕这在干利国利民的大事呢，能不能不要拆台？东坡呢，"今日捉将官里去，这回断送老头皮"。差点丢掉性命。而舒亶，也就以陷害东坡先生而遗臭万年了。

且慢，真的完全是陷害吗？东坡自己也直认不讳，大部分被指摘的诗文，他就是这意思，就是觉得新法有问题。所以，我们也不能责怪舒亶无中生有啊，他最多是上纲上线。

上纲上线，将对新法的不满，拔高到是对皇上的不满，是无"人臣之节"，在以三纲五常为无上法则的儒家政治体系里，后果是很可怕的。作为一个臣民，不管你私德多无瑕，才华如何横溢，曾立过多少功劳，从此，你都再无辩白余地……

舒亶想消灭苏轼，消灭苏轼身后的旧党，他这一招出的，实在是太险恶了，太残忍了，绝非正人君子所为。

但是，回过头来，我们假设另一种可能性：如果他是真的坚信不疑地认为，为了大宋社稷，苏轼该死呢？

他是新党，新党的共同信念是：唯变法才是强国之道，不变法，则国衰亡无日矣。谁反对新法，谁就是故意误国误民，是大宋朝的罪人。很巧，旧党的思路也差不多。他们坚决地认定：新法祸国殃民，新党都是想要升官发财而不择手段的奸险小人，不除新党，国将不国。

爱国与害国之争，君子与小人之争，使得事情没有了求同存异、异见共存的可能性。北宋百余年间，多少豪英，就此沉沦于内斗。新党、旧党，都在自我标榜，同时极力妖魔化对方的动机。加上皇帝们身体也不如人意，不是中道崩殂，就是后宫垂帘，短时间内政随人息，一朝天子一朝臣，于是，一轮又一轮的争斗……

并非要替舒亶翻案，只是，世界上的事情，也并非简单的黑与白，人性，也不仅是善与恶。如果不能了解这一点，今天的我们，也许还会踏入古人的误区。

舒亶一直做到御史中丞，主管御史台。关于他的工作成绩，《宋史》中有这样的评价："举劾多私，气焰熏灼，见者侧目。"

《宋史》的修撰思想遵循程朱理学，而这两位理学先生对王安石变法及新党的态度是反感的。修史讲究公允，但辞藻上的褒贬偏向却在所难免。这段评述，抛开感情色彩，至少有一点能够确信：舒亶，真是已经让百官恨透了！他本是皇帝的忠犬，但现在这过于热衷"咬人"的劲头,不禁让人们怀疑,他是不是有点疯了……

终于在一次弹劾官员的过程中,舒亶被抓到了小辫子,以轻微的罪名,被皇帝顺应民心地免职了。估计宋神宗也受不了这个偏执狂了。直到十一年后,宋哲宗继位,舒亶才重新回到官场,后来以边功复受重用,六十三岁病死于军中。

灰溜溜回家时,他四十二岁,给自己的房子起名"懒堂",以示心灰意懒。《虞美人·寄公度》一词,就是这段时间写的,词中可看不出他有多沮丧。

"故人早晚上高台,赠我江南春色、一枝梅。"如果按照舒亶当御史时"咬人"的逻辑,这几句完全可以理解为贼心不死,呼朋引类,企图卷土重来。

当然,这也是不无可能的。但我决定,不作如是想。因为,我不想对不起那样美好的词境,那样清澈的句子。冰天雪地里的一枝梅,我们知道那洁白下面可能隐藏着垃圾,但又怎么样呢?至少,梅花在那里。

这个世界,才不会像诗词中写的那样好。可是,美好干净的词句,能够帮助我们抵挡黑暗与肮脏,保有希望与梦想。

舒亶其实文才极好,写的小词,笔力清新刚健,思致委婉动人,被评论为"词亦不减秦、黄",只是,为名声所累。

菩萨蛮

画船捶鼓催君去,高楼把酒留君住。去住若为情,西江潮欲平。

江潮容易得,只是人南北。今日此樽空,知君何日同!

人们写离别与相思,有一往情深者,有缠绵悱恻者,有欲说还休者;他却另辟蹊径,写出了这情怀里的左右为难。世事沧桑,催行与留恋,且不论人,连潮水都似乎有情了。然后是景物与人心,怀念与别离,又一重重的矛盾——谁说他是无情之人?最难得的是,如此深情,下笔却又明朗,于诚挚中,自有种高远。

论家也多称赞此词,却少不得带上对人的鄙夷。有人说:"此等语乃出渠辈之手,岂不可惜。"还有人更干脆,说这个词啊,思致细密,所以呢,作者也肯定是个格局小的人——就差直接说是小人之词了。翻看舒亶留下的词集,我发现,他是个颇擅自我宽解的人。对于人生的无常、人情的无奈,他有种坦然接受的态度。

他说:"且尽红裙歌一曲,莫辞白酒饮千钟。人生半在别离中。"(《浣溪沙·劝酒》)

他说:"人生闲亦好。双鬓催人老。莫惜醉中归。醒来思醉时。"(《菩萨蛮·次韵》)

他说:"相见争如初不见。短鬓潘郎,斗觉年华换。"(《蝶恋花·深炷熏炉小扃院》)

而最能代表此人一生心性的,应该是这首词:

浣溪沙·和仲闻对棋

黑白纷纷小战争。几人心手斗纵横。谁知胜处本无情。

谢傅老来思别墅,杜郎闲去忆鏖兵。何妨谈笑下辽城。

又是一首洋溢着乐观主义精神的小词,还透着种杀伐气。战争,棋盘上、边境上、政坛上,他从来直面,没有畏惧与犹豫,更没有正义与否的怀疑,他知道战争的本质:无情。

胜败存亡,战场容不得半丝软弱、半点妇人之仁。他愿意继续战斗,不会像谢安那样,老来思归;也不像杜牧那样,闲来怀想。他要做的是实务,是有朝一日为国出征,谈笑下辽城——辽国,被占据的燕云十六州,那属于北宋君臣心底永远的痛、永远的梦。

不能将此简单地看作文人的意淫，长期处理军中事务的舒亶，说这种话，也算本色当行了。我想，本质上，舒亶其实是个武人：他的目标，像武人一样明了直接；他的手段，像武人一样兵不厌诈。虽然我很爱东坡先生，但这样的舒亶，也并不因此就令人讨厌。我甚至很乐意，在尘埃落定、恩仇尽泯之日，送给他一枝雪地里初放的梅花——如果有这么一天。

却见词人在高墙

一首词的三种出头方式

在宋朝，印刷出版业并不太发达。北宋还以笨重的雕版印刷为主流，毕昇发明的活字印刷运用到实际中，是要到南宋末了。只有官府和资金特别雄厚的少数书商，才能够兴师动众地搞出版。普通的作者，除了特别有钱有名望的，想要出个专集什么的，很不容易。那么，一首词，从诞生到传播，到变成传世名作，一般只能通过以下几种方法。

一、歌伎帮忙。秦楼楚馆，花下樽前，一首词就是一首歌，被这些专业人士传唱着，她们是最有鉴赏力的评委，也是最爱屋及乌的评委。南宋词人刘过，一生布衣，靠做门客过日子。其平生爱好，除了议论国事、呐喊收复中原的口号，就是往来风月场所。传说，有一次，他的一个朋友，到相好的青楼女子那里去喝酒，把他也捎上了。喝着喝着，词人天性大发，刘过就赋小词一首，以赠女士。词为《长相思》：

云一涡，玉一梭。澹澹衫儿薄薄罗，轻颦双黛螺。

秋风多，雨相和。帘外芭蕉三两窠，夜长人奈何！

女士一诵一唱，真是好词啊！再看看刘过，顿觉无比可爱，情难自禁，刘过也欣然接招，眉来眼去。"本夫"突然被冷落在一边，悲愤之下，拔刀就砍，现场过于混乱，没砍到刘过，却误伤女士。最后大家一起被捉将官里去。

此事见诸周密的《浩然斋雅谈》。但这阕《长相思》的作者，却莫衷一是，除了刘过，可选者还有后主李煜和南宋词人孙惟信。从词风揣测，我觉得是李煜的可能性比较大，之所以非要放在这里，是因为本书作者实在太八卦了。这种争风吃醋的热闹场面，不拿来嚼嚼舌头实在过意不去——周密说不定也是这样想的。

刘过长期流落江湖，自然有很郁闷的时候。在宁波时，他曾写了首《贺新郎》，赠给一位人老珠黄的歌伎，颇有惺惺相惜之意。

贺新郎

老去相如倦。向文君、说似而今，怎生消遣？衣袂京尘曾染处，空有香红尚软。料彼此、魂销肠断。一枕新凉眠客舍，听梧桐疏雨秋风颤。灯晕冷，记初见。

楼低不放珠帘卷。晚妆残、翠蛾狼藉，泪痕凝脸。人道愁来须酹酒，无奈愁深酒浅。但托意焦琴纨扇。莫鼓琵琶江上曲，怕荻花枫叶俱凄怨。云万叠，寸心远。

此词经老伎一唱，广为流传，"天下与禁中皆歌之"，刘过很是得意。潦倒的词人，就这样找到心理平衡了。

二、手工传抄。同窗、好友、同乡……你一首，我一阕，彼此唱和，结个文学社，彼此较着劲，面子上还要你吹我捧一番。真正的绝妙好词，忽然就宛如天降，于是举座停箸，为之侧耳，击节。

当然，泱泱诗歌大国，按比例还是烂诗产量高。话说明代万历年间，苏州盘门外有兄弟两人，一自号兰溪，一自号兰洲。每日以恶诗相唱和，自视极高，以为天下诗人尽出自家矣。遂有人特为二位献诗一首："盘门城外两诗伯，兰溪兰洲同一脉。胸中全无半卷书，纸上空污数行墨。浣花溪头杜少陵，浔阳江口李太白。二公阴灵犹未散，终日在天寻霹雳。有朝头上咭声能（吴语，犹云"响一声"也），打杀两个直娘贼。"

三、自力更生，写到公众场所的墙上去。操作方法类似于今天做假证的。现在做假证的越来越强悍了，贴小广告被撕，粉笔字能擦掉，就用油漆刷墙上、涂马路中间。我每天下班路过的那条路上，有栋十几层的写字楼，大概第六层的外墙上，就永远摆着一行红色大字：办证，134×××××××。一千米外清晰可见，夕阳下熠熠生辉，有一种意料之外的诗意。

这就叫作"题壁"，一般集中在三种地方：寺院庙观、酒楼茶馆、邮亭驿站。因为这三个地方人来人往，人员最杂，人也处在最无聊或最有感触的时候。你写我也写，写满了只好有劳主人把墙壁粉刷一遍。

还是个明朝的笑话：苏州有个楞伽山，山上有个楞伽寺，寺内墙壁上题满了诗，大抵都是歪诗。终于有一天，有人看不下去了，在墙上找了个空白地方，愤然写道："多时不见诗人面，一见诗人丈二长。不是诗人丈二长，缘何放屁在高墙。"

后面还有跟帖："放屁在高墙，高墙应轰倒。及至那边看，那边抵住了。"

到了明朝，印刷业已经很发达，科举以八股文取士，诗词歌赋成了末技，用《儒林外史》里的话说，但凡看见"风花雪月"字样，走到诗词歌赋那条路上去，后生们"便要坏了心术"。也有长年中不了举的，只好改行去做名士，写写诗，天可怜见，混骗点酒食。读书人的诗歌创作水准普遍下降，但题壁的风气依然盛行着。

会写词的强盗

《全宋词》一千三百余位被收录词人里,有一个叫宋江的,他在浔阳江边的酒楼上,喝得醉醺醺,提笔在墙上写了一首词:

西江月

自幼曾攻经史,长成亦有权谋。恰如猛虎卧荒丘,潜伏爪牙忍受。

不幸刺文双颊,那堪配在江州。他年若得报冤仇,血染浔阳江口!

这是一首无法无天的反词。命苦怨社会,受了冤屈,非要讨回来,所谓草莽,就是在法纪不到的地方,亲身来讨公道,于是一变而为法纪之敌。不过,历史上的宋江,和小说家言里的形象有很大区别。他勇猛狂悍,每战必身先士卒,一年多时间内,横行齐魏，攻城略地，转战千里；然后败于张叔夜之手，被困于海边，船只被烧，副手吴加亮被俘，遂集体投降，被朝廷收编，后参与攻打方腊。

宋江与方腊的军队，在现代的教科书上，是农民起义军，是要造那腐朽没落朝廷反的。然而每当造反成功，用黑旋风李逵的话说，"夺了那鸟皇位"的，上了台来还是换汤不换药。成功了的，就是"皇帝轮流做，明年到我家"；失败了，便是贼是寇，最多能在刑场上，换一声看客的"壮哉此人"而已。

无论历史上的宋江一行三十六人，或小说中的宋江一行一百零八将，说到底，也就是个"壮哉"。但能换得一声"壮哉"，已经是千万人中的罕有。他们这一类人，代表了循规蹈矩小百姓内心深处的幻想：摆脱重重束缚，纵横江海，变忍气吞声为杀人放火，大块吃肉，大秤分金——正如日本作家芥川龙之介所说："这是一批无赖汉的结社""他们之间流传着一种可以把善恶踩在脚下加以蹂躏的好汉意识"。(《中国游记》)

《水浒传》的整个故事来源于民间说话者的集体创作。到后四十回打方腊，文风由活泼转为平滞，文气也变得深沉凄凉，充满难诉之苦与未尽之意，这便已是文人手笔了。

《全宋词》里，署名"宋江"的两首词，可能出自其本人，也可能来源于说书人或经过文人的加工。但两宋时的词曲创作，作者既众，身份又杂，安排宋江这样的江湖好汉吟词，也并不突兀，是有着现实基础的。

再看这首《念奴娇》：

> 天南地北。问乾坤何处，可容狂客。借得山东烟水寨，来买凤城春色。翠袖围香，鲛绡笼玉，一笑千金值。神仙体态，薄幸如何销得。
>
> 回想芦叶滩头，蓼花汀畔，皓月空凝碧。六六雁行连八九，只待金鸡消息。义胆包天，忠肝盖地，四海无人识。闲愁万种，醉乡一夜头白。

词写于跑到京城寻招安，走李师师的门路时。造反是为了什么呢？起初或许只是一时意气，规模弄大了，就变成了不得不为。要么，抢了皇帝的宝座；要么，就等待招安，也算弄个正经出身，封妻荫子，光宗耀祖。

这阕词，其实也是报国无门、壮志难酬的传统套路，但做了江湖人后的口气，和读书人很不一样了。书斋里的人也常会有军人癖、侠客梦，什么"十年磨一剑，霜刃未曾试""十步杀一人，千里不留行"，气势非凡，但，不靠谱。

真正的江湖人是什么样呢？就像这篇词里的宋江，从遥远的芦苇深处走来，脱下染血战袍，换上时兴衣服，进了京城繁华地，不知不觉，就浑身不自在。从京城人的眼里看去，他大概也是粗野乡气得紧。繁华深处的销金窟，一派奢华，风流高雅的美人，真不是自己这种人能消受得起啊！"薄幸如何销得"，当然我们也可以认为他是真艳羡，假清高，就盼着有一天也能名正言顺享受一把……不过，不能否认的是，此刻，他的格格不入感是真实的。

在不喜欢的环境里，人会借助于对熟悉地方的亲切回忆。真的是很思念烟水寨里兄弟们的开怀大笑声，哪像到了天子脚下，人们的笑容都透着算计。这种感觉，武侠名家温瑞安的一句诗写得好："城中友无至友，敌无死敌。"但人们还是争先恐后向京城里去，矛盾而蹉跎地过掉一生。

庙堂高，江湖远，庙堂那么无情，那么险恶，为什么非要去掺和一脚呢？因为除了参与，你没有其他办法去实现一生的抱负——哪怕是堂堂正正、济世安民的抱负。你没有超越时代的想象力，去寻找在庙堂外实现这一切的通道。只能去赌一把，赌注是自己那单纯的初衷。

后来的公案小说，用另一种方法解决了江湖人的矛盾：替清官卖命。这些作者的想象力，也就到此为止了。

所以阮小五在上梁山前，拍着脖子说："这腔热血，只要卖与识货的！"而宋江下梁山，也就为了个"金鸡消息"。所谓忠肝义胆，四海无人识，最后呢？不论在历史还是演义中，都是悲剧。

说什么是非成败。能让人在灰暗的书页中，翻出一点温暖来的，还是那些曾经热烈跳动过的心。

爱喝酒的和尚

顾客："这个猪头切一半给我,谢谢!"

八戒:"猪头不卖,猪鞭要不要?"

《大话西游》风靡的时候,我和我的朋友们,对台词倒背如流。那些煽情与无厘头的对话,转过时间的长廊再听,沾染了青春的记忆,变得意味深长。

你以为你是天才,别人看你不过是个待售猪头。扭捏着摆到市场上,想卖的人家不要,不想卖的倒还值几个钱。世事就是这样滑稽,倒不如做和尚,大家西天取经去。猪八戒忘了春三十娘,孙猴子忘了紫霞和白晶晶。放下红尘的背影,换来一句:"你看,他好像一条狗啊!"

我要说这句话里有禅意,或许还有人信;我要说宋朝的仲殊大师是个有道高僧,了解情况的人肯定会嗤之以鼻。

仲殊大师像才子,像文士,像浪荡儿,像无赖汉,就是不像和尚。从头到脚,除了他那个光头、那身僧服,半点超凡脱俗的意思都没有。就这么混了很多年,别人都宝相庄严了,他还是很猥琐。在杭州宝月寺挂单的时候,跟当地方长官的苏东坡认识了,两个人很对胃口,经常在一起喝酒聊天。每当这时候,老和尚就眉开眼笑的,谈到兴头上,就鬼鬼祟祟地告诉苏长官,哪家楼里的姑娘唱歌最好听,哪家的花魁其实有点名不副实——这是我的想象,可我知道,这样的想象并不为过。仲殊大师这样的和尚,做出什么事来都是不稀奇的。

该大师平生有两大爱好,一是写词,二是吃蜂蜜。不管任何饭菜,他都要拌了蜜才吃。这种饮食习惯很讨人嫌,大家都不喜欢跟他同桌吃饭,幸好遇上嗜甜的苏轼,才算碰上了知音,彼此爱重得很。

仲殊大师吃蜜是有原因的。大师俗家姓名叫张挥,原是苏州城内有名的荡子,被所有家长作为教育子女的反面典型。此人读书聪明,年纪轻轻中了进士,眼看前程无限,大家羡慕得牙痒痒,正该再接再厉,谋个肥差……

他呢,偏偏就这样了,成天寻花问柳,呼朋唤友地鬼混,把老婆都抛在家里不管不顾。古人说,嫁鸡随鸡,嫁狗随狗,可他老婆是有志气的女人,不甘心做命运的奴隶,终于有一天忍无可忍,给老公的酒里下了砒霜。大概缺乏经验,剂量没下够,他又被人灌了大量蜂蜜给救活了。为了保证毒不再发，从此后，他必须每天继续吃蜜，且不能吃肉。浪荡子一想肉都不能吃了，人生有甚意思，不如剃个头当和尚吧！

他当和尚，也是随心所欲，云游四海，喝喝酒，看看美景、美女，兴致来了填几首小词。老婆再也管不到他，俗世规则、红尘名利，也都拿他毫无办法，真正是"赤条条来去无牵挂"了。

关于他的生平，除了时人笔记提及，以及一卷残缺不全的《宝月集》，历史上记载并不多。作为一个前浪荡子，后来在寺院里混日子的和尚，史书当然不会给他留书写空间，而他自己，对青史留名、建功立业之类的宏大叙事也没有共鸣。

我猜想：此人的心态，大抵类似唐朝富贵人家女子，流行当女道士，却是为了行动方便，恋爱自由。而且，最主要的一条，不事生产，就安安稳稳有饭吃。当官吧，得八面玲珑地应酬，做政绩；经商吧，商人之辛苦，哎呀，"不当人子"！唐代重视道教，宋代则推崇佛教，出家人待遇挺好的，有庙产，有香火，还有政府的优待政策，实在是无业男女青年的好去处——只要你舍得放弃俗世那个家。

而家庭，对于仲殊大师，很明显就是个累赘。妻子那杯愤慨的毒酒，倒帮了他一个大忙。

"能文善诗及歌词，皆操笔立成，不点窜一字。"这个评语是苏轼下的，以苏子之才和眼界，可见和尚是真的才华出众。《唐宋诸贤绝妙词选》中则评和尚的词作为"篇篇奇丽，字字清婉"。

南歌子

十里青山远，潮平路带沙。数声啼鸟怨年华。又是凄凉时候，在天涯。

白露收残月，清风散晓霞。绿杨堤畔问荷花：记得年时沽酒，那人家？

这一阕，就是风格奇丽与字句清婉的标本。有生动的画面感，色彩鲜明，风物参差，视线由远而近，原来是因为写词的人正在路上。这条路，每个曾在夏日江南走过的人，都会觉得很亲切。

远处的青山，水边潮湿带沙的小路。鸟儿偶尔地叫着，声音婉转，听在人的耳里，倒像在怨诉时光匆匆，于是不禁又起了点人在天涯的凄凉感。为什么要说"又"呢？在路上的时间太多了，朝行夜宿，磨破草鞋数双，看过风景无数，难免会有惆怅的时候。经常旅行的人都知道这一点。越美的风景，有时候越发让人无来由地难过。你会发现，自然是自然，季节是季节，轮回永无休止,而你就是你,肉体凡胎,永远无法纵身大化,真正地超脱。

是这样一个夏日清晨。残月西坠,白露沾衣,彩霞在清凉晨风中渐散,走到一处荷塘,只见朵朵荷花衬着绿杨,看着明媚的色彩,被晓风一吹,心情一下子又好转了,才想起来这地方"我"从前走过的啊!于是兴致勃勃,对着某朵盛开的荷花就搭讪了:"喂,你还记得那年我买酒喝的那一家吗?"

这一问,问出了百般风流,只觉树石皆兄弟,花草为姐妹,麋鹿都来相亲爱。可谓神来之笔,出自赤子之心。

这词美好得要命,只有一个小问题,关于作者的问题——你是一个和尚哎!摸摸头上的香疤,和尚为什么要这样嗜酒啊!犯戒律了啊!

那个吊儿郎当的行脚僧,可不会理睬人们的吐槽,江山如此多娇,他要走的路太多了,要看戒律哪得工夫?

柳梢青

岸草平沙。吴王故苑,柳袅烟斜。雨后寒轻,风前香软,春在梨花。

行人一棹天涯。酒醒处,残阳乱鸦。门外秋千,墙头红粉,深院谁家?

这一回，是在河中，舟上。吴地春天的风光，适合撑一只小船慢慢地游，桨拨动浮萍，船头掠过低垂的杨柳枝。看两岸平沙草长，旧时宫苑，还有最醒目的，是忽然一树洁白胜雪的梨花。

这一篇，又当得"奇丽"二字。奇在结构，丽在文心。前面缓缓放出春之画卷，一幅幅过去，你正在赞叹作者取景之精妙，那持镜头的人才出现，原来是在船上扫视两岸。

出家人有的是名正言顺在路上的时间，还有酒喝。边看风景边喝酒，不知不觉就睡着了。一觉醒来，人还在舟中，太阳却已经靠西边了。懒洋洋地向两岸看去，忽然精神一振，两眼放光：那是谁家的姑娘，秋千架都打到墙头上，都能看到裙子底下精致的绣鞋啦！

如果佛祖在天，面对如此门徒，会含笑不语，还是会打下一个霹雳，外加一句"好孽障"呢？

宋代文人如苏轼、王安石、黄庭坚等，都好研习佛理。而仲殊大师，作为一个正宗的和尚，却完全没有出家人的自觉性，这实在是很奇怪的。更奇怪的是，他的文人朋友们对他赞赏有加。苏轼和他关系最好，说他是"胸中无一毫发事""通脱无所著"，这又真的像灵台澄澈，不需拂拭了。

而依我看，他根本就是一个深深热爱这软红十丈的浪子，喜欢美酒、美景、美人，想要一生潇潇洒洒、快快活活而已。

这个世界上总是不缺少浪荡子。不求上进、无所事事，甚至放荡堕落的生活，自有其魔力。"你们见我在喝最劣的烧酒，而我无非在风中行走。"德国诗人布莱希特说。再正经的人，都有紧张生活中的偶尔失神，渴望着兢兢业业中的一次小小放纵。所以浪荡子虽然为人们不齿，可有时候，又未必不让人暗中羡慕。

浪荡子的结局，一般不外乎两种：或是回头金不换，洗心革面，做社会中坚与家庭的顶梁柱；或者，在亲人的悲叹、世人的鄙视中沦落至死。我想仲殊大师是个很聪明的人，他从这两种结局中巧妙地钻了个空子，找了个安身立命所在。也许你可以把它称作"禅机"，但仲殊大师自己，是没兴趣跟你聊这种玄乎事的。

他顶着和尚的脑袋，实质类似于一个资深驴友。背着行囊，打着云游的旗号，他到处游山玩水，探亲访友，谈天完毕，掏出一个钵来："阿弥陀佛！"蹭吃蹭喝。那年月没有相机，拍不下沿途美景，他便用诗词记录之。

从词集中看，他主要在吴楚一带混，在苏州、杭州住的时间最长，在镇江也待过些日子，还溜达到过成都。这些都是美人如云、山水灵秀之地。每到一地，他便自觉自愿地承担起旅游宣传工作，写出许多赞美风土人情的词来。

他的词里，小令最佳，小令又以写旅途、写风光物事最为出彩。如《南徐好》系列，《望江南》之成都篇，更无形中起到了记录时代的作用。

望江南

　　成都好，蚕市趁遨游。夜放笙歌喧紫陌，春邀灯火上红楼。车马溢瀛洲。

　　人散后，茧馆喜绸缪。柳叶已饶烟黛细，桑条何似玉纤柔。立马看风流。

　　词中描绘的是成都蚕市景象。"蜀有蚕市……耆旧相传，古蚕丛氏为蜀主，民无定居，随蚕丛所在致市居。"（黄休复《茅亭客话》卷九）每年正月至三月，成都州城和属县，循环开设蚕市十五处。

　　祭祀以外，更实际的功用，是让四方农人们来交易农桑器具。蜀地（今四川成都一带）产锦绣，三月正是蚕桑时，农人的一年之计开始了，整个蚕市上，洋溢着丰收的希望。而爱凑热闹的成都市民，岂会放过这个机会？张灯结彩，摆摊唱戏，酒楼拉客，青楼招手，也是忙得热火朝天。在这所有之间，有个和尚，他骑着马，悠然地望着田野，赞叹道：这柳叶儿，真像美人的眉毛；这桑条啊，真像美人的玉臂……

仲殊大师，他对这俗世的欢乐与生机，真是爱得不得了，恨不得在里面翻跟头打滚儿。应该感谢时代给了他机会。他卒于宋徽宗崇宁年间，一辈子走的太平路，过的太平日子，不必看到他热爱的风流时代崩溃。

仲殊大师的死，却是一个有点惊悚、有点怪异的事件。

那时他已经挺老了，回到了最初出家的地方——苏州承天寺。有一日，他忽然跟寺中众僧道了个别，当晚就在院子里找了棵枇杷树，上吊死了。

佛门子弟不得自杀，否则无法转生，无从得道。他临死还要犯最后一回戒律，完全不在乎来生，就这么随随便便甩手走了，洒脱得近乎残酷。

我想，可能骨子里，他还是信奉中国人"现世为大"的想法，不问生死，不问鬼神，活在当下便好。活得差不多了，就不活了！选个良辰吉日："大家好，大家早，大家再见。"这也是浪荡子的做法。

仲殊大师还曾干过一件不着调的事。有个雨天，他去拜访郡里的官长，谈话之间，看到庭下有一个来打官司的女人。女人颇执着，冒雨一直站在那里。郡守很无聊，便说："大师，这情况，您能写首词吗？"

大师更无聊，脱口立就《踏莎行》一首：

浓润侵衣，暗香飘砌。雨中花色添憔悴。凤鞋湿透立多时，不言不语厌厌地。

眉上新愁，手中文字。因何不倩鳞鸿寄。想伊只诉薄情人，官中谁管闲公事。

词写得倒是很生动，寥寥数语，女子形象尽出。可也实在是没意思，居然把民女的苦楚拿来当风景观赏。

仲殊大师自缢之后，便有轻薄少年将两句词改了："枇杷树下立多时，不言不语厌厌地。"让人哭笑不得。这个和尚，死了之后，都没办法给他装上一个正经的套子，好好地入土为安。

宋朝和尚写词的也有一些，可从数量到质量，谁也没办法跟仲殊比，更别说戏剧性的一生了。

他这一生，自由出入俗世繁华与佛门清净，名缰利锁、清规戒律，都没能束缚住他，就这样左右躲闪着，把日子过得挺快活、挺圆满。这种快活和圆满，不是我们平常人所能学的。

谁也不能像他那样，只为了踏山川、看美景和美女，就能抛开一切：责任、情感、物欲、理想、亲人的期盼……这每一根"鞭子"都驱赶着人们，在狭窄山路上蹒跚前行，即使疲倦，虽然不甘，仍不敢松懈。

谁会抛家弃业，只为换个彻底的自由？至少我不敢，不完全是勇气有限，还因为，在被规则约束着、被包袱拖累着的世界里，人，也还有着更心爱、更珍贵的东西，如珍珠般闪亮，让我们化身为蚌，去咬牙承受憋闷和痛苦。人生，就是从一个被父母抱着的包袱，慢慢变成自己一路背起新包袱前行的过程啊！

那一杯自由的毒酒，并不是每个人都喝得起。你我皆凡人，做不得神仙，做不了天才，和尚都做不成，就做个待售的猪头也罢——猪头也有他的高老庄，放不下的高翠兰呀！

追男仔的姑娘

唐圭璋先生编《全宋词》，共收录词约二万首，如此庞大的数字！而刚写出来就消散在风中的词就更不知有多少了。掌管这些新出炉词作命运的缪斯女神们，向来没什么恻隐之心。

缪斯女神在宋代化身为千万精通音律与诗歌的女子，地位卑微，迎来送往的甜蜜笑容中，藏有一种傲慢。

有一位歌伎，被某官员看上了，官员写了首小词去挑逗她。歌伎的回音很快就来了，是《减字木兰花》，其中有云："清词丽句。永叔子瞻曾独步。似恁文章。写得出来当甚强。"意思是：欧阳永叔、苏子瞻他们写的才叫绝妙好词，像你写的这东西，拿出来有个啥意思？

这小女子，一辈子未必能亲眼得见欧阳修、苏轼一面，可在艺术审美上，却半点不肯降低标准。

两宋青楼中，擅写诗词的姑娘很不少。数与质上没法跟真正的文人相比，却是原汁原味，本真、清新而妩媚。

鹧鸪天·寄李之问

玉惨花愁出凤城。莲花楼下柳青青。尊前一唱阳关后，别个人人第五程。

寻好梦，梦难成。况谁知我此时情。枕前泪共阶前雨，隔个窗儿滴到明。

这是京师名妓聂胜琼寄给情人李之问的情书。李之问也是位词人，不过作品只流传下来两句，已经无法得知到底才华几许了。他来京城公干，结下了这么一段情。两人好得蜜里调油，可是有缘无分，公务在身，他得回家上班了，而且家里早就有了老婆。

离别的那天，聂姑娘来饯行，饮于汴京城西莲花楼。这里是前往山西、陕西的官员客馆，日常送行都到此为止，此后便是路迢迢各自珍重了。聂姑娘放下酒杯，即席自创自唱了一首小词，只流传下来末两句："无计留君住，奈何无计随君去。"

青楼女子的诗词创作往往会佚失。因为她们是演唱者，而不是歌词作者，所有词作多是即兴创作，自己不会特地留存，能流传下来的，多是托在场好事者的福。聂胜琼这首词，虽然看不到全貌，仅存的两句，却是极真极痴，淳朴而热烈，很有南北朝乐府之遗风。

李之问听完，又留下来盘桓了一个月。然而家书也不住地飞来，夫人在催他回去。就算夫人不催，正事也不能不干吧？

李之问终于狠心上路了，还在路上呢，就接到聂姑娘寄的情书。书中所附之词，便是上面的《鹧鸪天》。上阕写那日莲花楼中送行之事，这叫作唤醒回忆，重温场景，那样的不舍与缠绵啊，郎君您可还记得。下阕则说起别后"我"的状况，想在梦中看见您都不能够，相思刻骨又不能对人说起。然后，可称为"绝唱"的两句来了："枕前泪共阶前雨，隔个窗儿滴到明。"

夜雨是中国诗词中最常见的情感媒介之一，催动人们种种的思念、悲怨。李商隐的"巴山夜雨涨秋池"，体现了唐诗的浑厚大气。温庭筠《更漏子》："梧桐树，三更雨，不道离情正苦。一叶叶，一声声，空阶滴到明。"体现了层层推进的悱恻。元朝散曲："多情去后香留枕，好梦回时冷透衾。闷愁山重海来深。独自寝，夜雨百年心。"体现了青年男子热恋时的爱欲苦海。而元代另一位中年男人写的《双调·水仙子·夜雨》，又是另一番光景。他在夜雨不眠中说道："枕上十年事，江南二老忧，都到心头。"这样现实生活的沉重感，最让上有老下有小的当代职场人产生共鸣。

聂胜琼的夜雨，在这一堆名句里毫不逊色。这是出自姑娘家特有的多情易感，于情事执着且忘我，才能把情感和外物呼应得如此自然，恰如雨水与泥土的相融。

再说李之问愁眉苦脸到家了，把情书藏在箱子里，还是被夫人翻了出来。李之问在家里也没啥地位，一问之下，全盘招供，正待聆狮吼，不料夫人凝目良久，赞叹起来："真是好词，语句何等清健！"

她这评语下得知己，果然这首《鹧鸪天》，写的是艳情，用的却是健笔，无一丝绮罗香气，有的只是中正和缠绵。夫人二话不说掏出钱来："去，把这姑娘接回来吧！"

聂姑娘是顶聪明的人儿，一进李家的门，收起华装丽服，多年积攒的头面首饰也都交出来，恭谨地侍候着李夫人。于是，上下和悦。

不经内闱之乱，便坐享齐人之福，不知要有多少男人羡杀，然而李之问的好运气，缘于他碰上了两个诗意浓厚的女人。这两个女人之间，偏偏又由诗词产生了共通的气场。

东晋时，大将军桓温的老婆南康公主，据说非常善妒且凶悍。桓温平定蜀地后，纳了成汉皇帝李势的女儿为妾，只敢偷偷藏在外面。南康公主知道后，手持钢刀，带人上门砍杀，一脚踹开房门，书上是这样说的：

见李在窗梳头，姿貌端丽，徐徐结发，敛手向主，神色闲正，辞甚凄婉。主于是掷刀前抱之，曰："阿子，我见汝亦怜，何况老奴！"遂善之。（余嘉锡笺疏《世说新语笺疏·贤媛》）

晋人崇尚美与风仪，李势之女正是以此使南康公主惺惺相惜。这个故事里，李家女儿再出色，如果对手愚钝无知，不懂欣赏也是白搭。所以，同样出色的，还有看似粗野的南康公主。正是对于美好事物的倾心相惜，使她在一瞬之间超越了世俗的敌意，温存地伸出双臂，去保护这美好的存在。

事情发展到此，其实已经与那男人无涉。聂胜琼与李夫人之间，也就是这样。虽然她们爱的是同一个男人，但在灵魂层面，反倒是她们之间挨得更近一些。

现代姑娘可能会愤慨：这不是第三者使尽花招，登堂入室的活典型吗？其实呢，在宋朝，妾，是个很卑微的位置，常常被当成生育机器和玩物，任凭主人主母买卖、打骂。而聂胜琼这类青楼人，最终能够找到个可以安身为妾的地方，已经算运气很好了。

杭州妓乐婉，恋爱的运气就很差。她喜欢的是一位姓施的酒监，没什么钱和能力为她脱籍。施酒监要离开杭州了，她也没什么办法。只能写诀别词了。词牌为《卜算子》，一赠一答。赠者为施酒监：

卜算子·赠乐婉

相逢情便深，恨不相逢早。识尽千千万万人，终不似、伊家好。

别你登长道，转更添烦恼。楼外朱楼独倚阑，满目围芳草。

这个男人，用情是真的，无能为力也是真的。他的相思里，有种小男生的懊恼，还有小男生对于世事的茫然无奈。他只会念叨着："我认识的无数人，来来去去，都不如你好啊！"这思念的苦楚，可怎么办才好呢？

答者为乐婉：

卜算子·答施

相思似海深，旧事如天远。泪滴千千万万行，更使人、愁肠断。

要见无因见，拚了终难拚。若是前生未有缘，待重结、来生愿。

她的表现，就比爱人成熟了很多。她直接说出了两人的困境，点出现实和爱情的距离有多远：似海深，如天远。用语有种磅礴的气势，和他的低首徘徊，完全是两种风格。铁板一块的现实面前，很多时候，人纵有再大的勇气，也是白撞。"要见无因见，拚了终难拚"，在这样断不了又接不上的一盘死棋中，她做了决定："若是前生未有缘，待重结、来生愿。"

　　你信不信来生呢？如果信，这就是一个承诺；如果不信，这就是一次了断。当生活愚弄了我们，当梦想照不进现实——亲爱的你，可愿意相信有来生？

被代笔的人生

如果有一点可能性,谁愿意去期待缥缈的来生?宋朝写词写得最广为人知的歌伎,大概是严蕊。她的出名,又拜理学大家朱熹先生所赐。

故事流传甚广。说是朱熹与天台太守唐与正关系不和,为了打击对手,到处搜罗罪证,严蕊作为天台第一的名妓,也被抓起来,要求招认与太守的不正当关系。按律法,宋朝的地方官员是不许嫖娼的。但严蕊任凭拷打,坚决不招,没有就是没有,自己虽然是下贱女子,却也不能昧着良心诬陷士大夫。

这事闹得太沸腾了,朱熹终于被调走,继任的官员把严蕊放了出来,问她今后有啥打算,严蕊便当堂口占一词,是为著名的《卜算子》:

不是爱风尘，似被前缘误。花落花开自有时，总赖东君主。

去也终须去，住也如何住？若得山花插满头，莫问奴归处。

在场的人都为之动容，官员便给严蕊脱籍，任其从良去了。这是民间说法。若依朱熹的官方记录，又完全是另一回事了：不仅严蕊与唐与正确有奸情，而且连那首词也是请人代笔的。的确，有些青楼姑娘，文化水平低了点，就找些好事的恩客、不得志的师爷帮忙，写点诗词备着，到交际场合拿来秀上一秀，以抬高身价。这在宋朝也是常有的事。

到底该相信哪个呢？有人认为，信官方不如信民间，信报道不如信小道。实际上，民间与小道，虽然听起来往往大快人心，投合大众意气，但也天然有着想象力旺盛的毛病。朱熹本人活着的时候，其理学思想并不受时代待见。从史书记载来看，他既无啥势力，又"忠直端正"得近乎迂腐，这种恶事未必做得出，就算做得出也做得很差劲，最后把自己给整回老家赋闲去了。

民间传说里的民意和一个正经学者的人品，都不好轻易否定。历史本来就行走在真实与想象的边缘。单说这《卜算子》，不管作者是谁，都不失为一阕灵秀清新的好词，也是一阕非常具有平民气息的词。

说平民，不仅是因为语言浅白，还因为那种谦卑中带着磊落的口气：我知道像我这种身份的人，命运是不能自己做主的，一切听凭大人、先生们的发落；不过，如果可能，如果你们愿意发些许慈悲，我也有自己的小小企盼——待到山花插满头，莫问奴归处。

这是被侮辱与被损害者的声音，弱小，恭谨，但是坚定。这样的声音，不必追究到底发自谁的喉舌。

做了营妓，命运已足够悲惨。官来，小心侍奉；官去，还是小心侍奉。流水的官人，她们是铁打的玩偶。对她们，民间不乏同情。连在十字坡卖包子的绿林人士，都知道："冲州撞府，逢场作戏，赔了多少小心得来的钱物。"杀了烟花女子，会被江湖上传说不仗义。说到底，她们中也有街坊里走出去的女儿、某户人家曾经的掌上明珠……兴，百姓苦；亡，百姓苦。她们是百姓里面苦滋味尝得更多的一群人。

就算是代笔又如何，能代到如此贴切体己，自是传世佳作。

有些文人，你就是不掏银两请他，也根深蒂固有着替女人代笔的爱好。转眼到了南宋末年，蒙古人大举入侵，五岁的小皇帝赵显首伏出降。后宫自太后以下所有妃嫔，被驱使北行，其中有一位，叫王清惠，是宋度宗的宠妃，封昭仪。而差不多同一时间，因谈判而被扣留在元军大营的文天祥，自镇江逃脱，继续进行抗元活动。

王清惠和文天祥，一个含泪往北，一个流血向南，在沦失的国土上风尘仆仆，各自飘零。八竿子打不着的两个人，竟然有了交集，缘于一阕《满江红》：

太液芙蓉，浑不似、旧时颜色。曾记得、春风雨露，玉楼金阙。名播兰馨妃后里，晕潮莲脸君王侧。忽一声、鼙鼓揭天来，繁华歇。

龙虎散，风云灭。千古恨，凭谁说。对山河百二，泪盈襟血。驿馆夜惊尘土梦，宫车晓辗关山月。问姮娥、于我肯从容，同圆缺。

词由王清惠写于北宋旧都汴梁的夷山驿站墙壁上，在中原到处流传。她本来只是后宫宠姬，满腹文才，最多用于无聊时解闷，宫中文字，也不好外传。如果没有南宋灭亡，一个女词人，也就这样被埋没了。谁会料到，突然之间，天崩地裂？

词里的口吻，完全本色，只有这身份，才有这样的用语。她曾经是矜贵的，是宫殿里一朵娇俏的莲花，不识也不必识民间疾苦。她的天职就是奉献美丽，打扮妥当，陪在皇帝身边，就已经占尽宠爱。而今落难了，心里充满了忧惧，却并不会就此变成坚强女性，她是被风雨打残的花，落在地上，只有凄艳的一抹红，并不能化身铁蝴蝶，向命运抗争。

她当然也不是全无见识。山河沦陷，罪责在谁，仗着天险偏安，换来血泪结局，这些事情，她也是明白的。可是妾在深宫，又有什么办法呢？所以她在悲痛之后，接着就考虑自己的命运了：车子还在向着元大都驶去，那里等待着自己的，可想而知，是异族男人的欺凌和占有，该怎么办呢？向天上的嫦娥请求，请带我去那安宁的月宫吧！

一个小女人，在倾覆的时代里，想尽可能体面地保全自己。国家灭亡，没有殉国；委身事敌，却也在所不能。曾经自豪的花容月貌，成了最大的危险。无人帮忙，无处诉说，她就采取了最风靡于故国的倾诉方式：题壁。

我们的文天祥丞相，对此很不满意，觉得作为先帝的妃子，王清惠的气节十分不够，于是替王清惠又作了两首《满江红》。

一

燕子楼中，又捱过、几番秋色。相思处、青年如梦，乘鸾仙阙。肌玉暗消衣带缓，泪珠斜透花钿侧。最无端、蕉影上窗纱，青灯歇。

曲池合，高台灭。人间事，何堪说！向南阳阡上，满襟清血。世态便如翻覆雨，妾身元是分明月。笑乐昌、一段好风流，菱花缺。

二

试问琵琶，胡沙外、怎生风色。最苦是、姚黄一朵，移根仙阙。王母欢阑琼宴罢，仙人泪满金盘侧。听行宫、半夜雨淋铃，声声歇。

彩云散，香尘灭。铜驼恨，那堪说。想男儿慷慨，嚼穿龈血。回首昭阳辞落日，伤心铜雀迎秋月。算妾身、不愿似天家，金瓯缺。

第一首中，文丞相一口气用了不少典故。其一是唐朝的关盼盼。她是一个姬妾，在主人死后独居燕子楼守节。本来已经是美谈了，但伟大诗人白居易，看得不过瘾，遂代盼盼写诗数首，表达了对她应该速速殉节的期许。关盼盼很听话，就绝食死了。

其二，陈朝的乐昌公主，亡国后入隋，一边做着杨素的小妾，一边苦苦等待与丈夫破镜重圆。而文天祥扮演的王昭仪，却对这位公主表达了分明的不屑，也就是为王昭仪指明了道路：请娘娘不要苟且偷生了！

第二首也差不多同样意思，国家虽已残破，但妾身是绝对不会屈从的，一定要好好地保全贞节。怎么保全？潜台词不需多说。

文丞相是什么人？"人生自古谁无死，留取丹心照汗青"的铁血男儿。可惜他不是她，他的剑气如虹，替代不了她的红颜仓皇。他的百炼钢，变不成她的绕指柔。他只是使用了传统男人都有的特权：当发现女人沉默得不够，或说话不讨喜时，便索性跳出来代表她们，说出自己认定的真理。

王清惠到达元大都，自请为女道士，向月亮许的愿，终是应验了。此后一直和太后等人被软禁在一起，文天祥的词，她也许曾看到，却并没有如其所愿地一头撞死。

王清惠在元大都有个老朋友，是宫中琴师汪元量。

汪元量以擅辞章音律入宫，曾为王昭仪鼓琴。临安沦陷后，他一个无足轻重的小人物，没就此逃入民间，却跟着太皇太后谢道清，一起到了元大都。后来他随南宋皇室迁居居延、天山等地。直到赵显被送到西藏当和尚去了，跟无可跟，他才以道士身份南归，回到了故国。文天祥被关押在牢里的时候，他亦常去探望。他与王清惠更是熟悉，自临安的皇宫，到北地的风雪，见过她的快乐得意，也见过她的寂寥悲伤。

他的《满江红》和词是这样的：

天上人家,醉王母、蟠桃春色。被午夜、漏声催箭,晓光侵阙。花覆千官鸾阁外,香浮九鼎龙楼侧。恨黑风吹雨湿霓裳,歌声歇。

人去后,书应绝。肠断处,心难说。更那堪杜宇,满山啼血。事去空流东汴水,愁来不见西湖月。有谁知、海上泣婵娟,菱花缺。

词意与王清惠的原词相近,都是宫中旧人,不过身份悬殊。他回忆的,是曾经的奢华场面,那些盛大宴席,欢乐歌舞,帝王将相们的奢侈与气派……直到"黑风吹雨湿霓裳,歌声歇"。这里化用白居易《长恨歌》中的"渔阳鼙鼓动地来,惊破霓裳羽衣曲",用"黑风吹雨",一是为了表达含蓄,二是对于偏安侥幸的南宋小朝廷,也用不上"渔阳鼙鼓"那样的凌厉之词了。唐好歹是极盛转入突衰,南宋的衰亡,却是大家早都心知肚明,预料到的。

后片写王清惠入元后的情绪。远离亲人,家书断绝,这是斩不断的乡愁。"西湖月""东汴水",指两宋旧都,这是杜宇啼血的亡国恨。在这国破家亡中,还有一番愁绝处:"有谁知、海上泣婵娟,菱花缺。"

只有他,看到了她的孤独、她的哀伤、她在大浪滔天前的自持,以及这哀伤与自持中显露的美。

海上,是苏武牧羊的旧地,今日,有南国佳人来住,一样的冰雪腥膻,苦挨岁月。她宁愿夜夜在寒冷与思念中垂泪,也没有向敌人乞怜邀宠,去寻更好过的日子。她坐在那里,成了一个王朝最后的剪影,凄凉而静穆。

汪元量后来走遍天下,写了很多反映元统治下现实生活的诗词,被后人称为"宋亡之诗史"。

王昭仪与汪琴师,非英雄的一生,都不够大义凛然,没有舍生取义的果敢,个性平淡,在大难来时,愿意守住尊严和原则,可也希望能够活下去……活下去,这不是生而为人的权利吗?

死去的人成就忠烈,在史册里熠熠生辉。活下来的人,承受思念与痛楚,在尘世中默默走完一生。

他姓辛，艰辛的"辛"

英雄骑马还故乡

辛弃疾根本无心写词，偏偏写上了词坛高峰。

他这一生，可以是英雄，是战士，是将军，是封疆大吏，乃至乱世枭雄……唯独不必要去当一个词人。青春作赋，白首穷经，那不是他的志向，不是他的风格。然而，时间流转，火与铁皆沉寂，如今人们提到辛弃疾，先想到的就是他的词——"爱国词人"。对不起，这真像是一个嘲讽。

所有的故事，要从辛弃疾的祖父说起。这个老人的名字应该被记住，是他，给了幼年辛弃疾一生的志向；也是他，为了国家和民族忍辱负重，付出了常人想不到的代价。他叫辛赞，是北宋末年进士。当家乡沦陷于女真人铁蹄下时，他没有像其他有点身份的人那样跟随皇室南逃。

北宋的官军虽然跑了，百姓自发组织的义军、民兵，却被激起了顽强斗志，抵抗运动风起云涌，甚至有些城池，在实力悬殊下全城被屠，也无一人放下武器投降。小小的村庄，只有三五青壮年，也会伺机去打击侵略者。女真人受不了这种骚扰，开始有意识地任命一些汉族读书人做官，想借他们的声望和传统儒家的政治体系来管理民众。这些官员中，就有辛赞。

汉人官员们屈身事敌，气节败坏，却也亏了他们的周旋，为饱受摧残的中原农耕文明保存了生机。忠奸对错，谁能说得清？辛赞在他们中间，又是格外"身在曹营心在汉"的一个。他暗地里总在搜集着情报，寻找时机，盘算着能够反戈一击，给女真人以狠狠的打击。这个诈降兼卧底的策略，在孤立无援的情况下悄悄地进行着。

这个策略，传说西汉的李陵使用过，被夷族；三国时蜀汉的姜维用过，事败自杀；后来，南宋将领张胜，在四川的山水间为这个国家的尊严做最后抵抗时，也用过，被蒙古人凌迟处死了。

风险真是太高了，还有承受的骂名、忍辱负重的痛苦，足以压垮一个正常人的神经。是怎样的精神支撑着他们？

国破家亡面前，死不容易；活着，等待复仇机会，更不容易。辛赞等了很久，并没有寻到合适时机，但他把种子种进了儿孙们的心里。

济南辛氏满门，个个不负国家。

辛弃疾曾写过一首词，吐露过这个家族的艰辛史。

永遇乐·戏赋辛字送茂嘉十二弟赴调

烈日秋霜，忠肝义胆，千载家谱。得姓何年，细参辛字，一笑君听取。艰辛做就，悲辛滋味，总是辛酸辛苦。更十分、向人辛辣，椒桂捣残堪吐。

世间应有，芳甘浓美，不到吾家门户。比着儿曹，鎡鎡却有，金印光垂组。付君此事，从今直上，休忆对床风雨。但赢得、靴纹绉面，记余戏语。

十二弟是辛弃疾的族弟，叫辛茂嘉，小时候和兄长一起，听爷爷讲忠义之道，爬上高山，讨论排兵布阵：那里，可以屯兵；那里，可以伏击……后来又跟随兄长参加义军，渡江，供职于军营。他也是个能干的男儿，管理边防军务很是出色。

这大概是十二弟刚被朝廷召用，正要赴都城临安的时候，做哥哥的为他饯行，并趁机进行了一番革命家史教育。

辛家原籍北方，后因军功而定居山东济南，本来就有尚武和精忠报国的传统。所以辛弃疾提到此点，很是自豪。而经过了多年来的磨折，他也深知，"忠义"二字，真正实践起来是多么艰难。

辛苦，辛辣，辛酸，种种难尝的滋味，就是辛家人的宿命，也是骄傲。他说："醇酒妇人之类世间乐事，是不会进我家大门的，和那些锦衣玉食的无用之辈相比，我们有自己的光荣。今后，你只管尽心地去做一番事业，也不用牵挂着我。不过呢，官场也不是你想象的那样，一不小心就会扭曲了我们辛家人的本性呢！那时候，你再回忆今天这一番戏说，就别有滋味了。"

起笔千钧，几行字直下，戏语中风雷隐隐。

回到辛弃疾二十二岁那年，他带领家乡子弟兵两千人，在济南起义。这一年，适逢金主完颜亮迁都开封，并准备大举侵犯南宋。征兵征粮，鸡犬不宁，中原各地百姓都在酝酿起事，正是辛赞等了多年的大好时机。

辛赞没有看到这个局面，他于一年前怀着遗恨病逝。但他对辛弃疾的培养是成功的，从十八岁起，辛弃疾就凭着出众的文才，得到了去金国都城考进士的机会。他去了两次，考试事小，刺探敌情事大，金国的政局变化、军队调动，一一落入这个年轻人明亮的眼里。

起事后，辛弃疾率部投奔了最得声望的耿京义军，被任命为掌书记，管理所有文书事务。耿京非常欣赏他，把帅印也给他保管。

辛弃疾碰到了两次关系义军存亡的危机。第一次，他的同乡，另一支济南义军的首领义端和尚，在经辛弃疾劝说归入耿京军队后，忽然从辛弃疾的帐中偷了帅印逃跑，想献给金人立功。

耿京大怒。面临着军法处置，辛弃疾单枪匹马，连夜追击，夺回帅印，砍下了叛徒的头颅。

第二次，是在义军决定归附南宋政府，被收编为正式军，以便南北呼应统一行动时，辛弃疾作为义军代表，南下面见宋高宗赵构。回去的时候，他却得到了耿京被叛徒张安国暗杀的消息，义军失去首领，一部分溃散，一部分被劫持着投降了金国。愤怒之下，辛弃疾带着五十余骑人马，千里奔袭，直入叛军大营，捉住措手不及的张安国，并召集了一万多名义军，马不停蹄，南渡淮水，投奔了南宋。

年轻的辛弃疾，战斗力之悍勇，个性之雷厉风行，应变力之高，已经有了未来的名将风采。

我想象，当马蹄终于踏上了淮河南岸，紧张的神经总算可以松弛时，他也会情不自禁地勒马回望吧。站在高高的山岗上，背后，是沦陷的故乡，祖辈的墓园；前面，是从没去过的江南，朝廷所在的方向，精神的故国。

他的心里，会交织着多少壮志和忧愁？这样的心境，很久以前，闻鸡起舞、击楫中流的祖逖有过，围城中月下白衣吹笛的刘琨有过，自恋又骄傲的大将军桓温也曾有过……那些想以一己之力力挽狂澜的人，不管外表多么务实、坚毅，骨子里都有这种英雄主义的浪漫。

英雄骑马还故乡。现在，轮到他了。

大材小用的人生是虚度吗

鲁迅曾劝郁达夫不要搬家去杭州，理由之一，就是湖光山色最消磨人的志气。江南风光，是柔性的美。唐代韦庄就已经说了："游人只合江南老。春水碧于天，画船听雨眠。垆边人似月，皓腕凝霜雪。"真是埋杀人的温柔乡。

住在江南的人，真的没有志气吗？我们知道，至少在吴越时期，绝对不是的。断发文身，江河上来去如风的原住民们，好斗善战，集坚忍与狡猾于一身，和中原地区相比，是典型的野蛮人。既尚武，冶金工业又发达，传说中的名剑鱼肠、湛卢、干将、莫邪，都出在吴越。

从勾践卧薪尝胆，伍子胥把头颅高悬国门，化身钱塘江的怒潮，年复一年银盔白甲，来访故国，一直到明末江南惨烈的抗清斗争。江南的骨气，就像烟雨桃花渲染中的山水，清是清，秀是秀，走近去，伸出手，才知下面是凛然不可摧的岩石，才知这一掬春水，也是会溺死来犯者的。

但，江南毕竟又太安逸，怀有雄心壮志或深仇大恨的人，会渐渐地爱上且珍惜着这里的和平，觉得战斗是件太残酷的事情。长江一道天险，又麻痹了多少王朝的警惕心。历来都说此处虎踞龙盘，有王气升腾，然而，都城建立在这里的朝代，都很短命。

江南人，只在受到欺侮，美满生活被外力野蛮打破时，才会奋起而反击，爆发出令人惊叹的义烈和刚勇，不愧对祖先的英灵——在此之前，他们多半是文雅、快乐的和平主义者。

南归后的辛弃疾，带着北方人的直率，背负北地父老的目光，"遗民泪尽胡尘里，南望王师又一年"。他心里的急切、他的壮志，在江南的花朝月夜里，遇上了说不清道不明的阻碍。

自1162年率义军投奔南宋后，他被任命为江阴签判，此后多年都是官微言轻的小官，很不受重视。

正值张浚北伐失利，满朝文武胆战心惊，他写《御戎十论》，呈送朝廷，分析宋金形势和军事利害，皇帝不置可否。到宰相虞允文筹备北伐时，他再献《九议》，讨论对敌战争的具体策略，还是未被采纳。

那些策论，今天回顾起来，才看得出辛弃疾的深谋远虑：预言金国必内乱而衰败，可以加强策反和间谍战；做持久战准备；在两淮屯田，训练民兵武装，加强边境的国防能力；减免国内税赋，给民生以休息；出兵山东而攻河朔；等等。其中最重要的是，收复中原是为了国家和百姓的事业，请皇帝不要只把它当成家事，士大夫不要计较私利……

可惜，当权者置若罔闻，一次次北伐策划半途而废。为什么？一是朝廷对北伐将士的不信任；二是主战派与主和派的互相掣肘；三是皇室的私心，官僚们的暗斗；四是决策层的多谋少断，宋代以文臣执掌武事，通常缺乏军事素质，武将人才凋零，文武又长年不相得。桩桩件件，错综复杂，任你英雄好汉，也似进了盘丝洞，被绊得鼻青脸肿，寸步难行。

在扑灭了向金国私贩耕牛与马匹的茶商军后，朝廷才给了辛弃疾实权，安排他做知州兼诸路安抚使等职务，管理一路军政。他立刻做出了成绩。

在湖南建立飞虎军，军队素质为沿江最高，此后三十年内，这支军队的实力被金人深深忌惮。在隆兴知府任上，顺利解决了当地的饥荒……

但他换来的是短短两年里被调动四五次，江浙两湖跑了个遍，即使在交通便利的今天也算折腾人的了。这是传统上宋朝廷对大臣的约束，不使久留其位，也就防止了他们积累实力，做出不利于朝廷的事。辛弃疾是太能干了，所以被调动得特别勤。

后来，干脆给他罢官了，表面上是因为各种理由的弹劾，其实，还是逃不过那些明枪暗箭。

四十岁到五十岁，一个男人阅历与智慧的最高峰，辛弃疾却在江西上饶闲居十年之久。好容易再被起用，很快又被赶回家。生涯基本上就遵循这个规律：形势紧急了，辛弃疾呼之即来，挽袖子干活；稍为安定了，就把他踢回老家待着——换作其他人，早就不干了，可辛弃疾不，他也不爽，也疲惫，但不赌气、不泄气，给一分机会就做到底。

辛弃疾的眼里，有一个永远而坚定的目标；他的手中，有无数亟待完成的事务。

清平乐·独宿博山王氏庵

绕床饥鼠，蝙蝠翻灯舞。屋上松风吹急雨，破纸窗间自语。

平生塞北江南，归来华发苍颜。布被秋宵梦觉，眼前万里江山。

这是他在上饶所写的大批词作之中并不起眼的一首。事情也简单，在外面游玩，夜宿某家茅屋而已。可是读起来，就气象万千，苍凉辽远，感觉荒山草屋里那个老头儿，绝非等闲人物。

鼠绕蝠飞，小小的草屋在风雨中，好像很快就会被吹走。

里面的人难以入睡，却不是因为环境不好，而是回想起了平生经历。奔波江南塞北，几十年过去了，回到家时已经白发苍颜。今昔对照，意味无穷，可知这风尘中，有过多少艰苦跋涉，又有多少壮志未酬？这该是又一桩失败的人生案例吧？不，当夜半再次醒来时，黑暗中涌现在他，也是在读者眼前的，竟然是万里江山。忽然之间，一首词就天宽地远、大气磅礴了。你立刻就知道了，这个人看起来再老再瘦弱，他的心仍然是辽阔的，他的理想坚不可摧。

辛弃疾晚年时，韩侂胄当权，此人倒是有心北复中原，可惜人格无法服众。外戚干政，骄横奢侈，好大喜功，弄了一批阿谀奉承之徒，做不自量力之事。他把六十四岁的辛弃疾又找出来，想利用他的人望为自己撑腰，又怕"功劳"被抢，心里纠结得很。

辛弃疾平时闲居都密切关注宋金形势，在任帅守期间，更派出探子多方刺探金国军情，知己知彼，对韩侂胄的冒进感觉极不靠谱，屡次向皇帝建议：现在国力未丰，兵将未得到良好训练，不是大举伐金的好时机。

这时候的皇帝宋宁宗，是韩侂胄一手扶上皇位的，听韩党吹嘘得天花乱坠，好像收复中原的伟业唾手可得，被辛弃疾这冷水一浇，很不高兴，辛弃疾又被排除在决策层外面了。

几经折腾，1206年五月，辛弃疾度过六十七岁生日的时候，南宋正式对金国开战，被打得落花流水。朝廷又想起了辛弃疾，连番急召，官至兵部侍郎。这一次，轮到辛弃疾不干了。不仅因为体力不支，还因为他已经看到，这一场闹哄哄的戏，残局已定，无法收拾。他自个儿回家了，回家后身体立刻垮了，次年就病逝了。

他死的时候，局势乱成一团，南宋再次求和，金国点名要韩侂胄的脑袋，韩侂胄为了保命，又想要开战。朝廷的任命诏书直接送到病床边，要他立刻回来……都与他无关了。

那个骑着战马荣归故乡的少年，宁可马革裹尸还的战士，终于还是像祖父一样，病死在儿孙环绕中。以平常人的一生来说，这个结局，是堪称完满的。对于辛弃疾，却是遗恨无穷。

还记得那年，他再次被皇帝召见，有望被委以军国重任。已经八十岁的陆游写长诗送行，感叹道："大材小用古所叹，管仲萧何实流亚。"嘱他不要计较小人们的排挤，一心为民族作战。

真正的男人，只会跟真正的男人做朋友。"老却英雄似等闲""一树梅花一放翁"的陆游，把平生报国的志向，寄托在了也已是六十多岁的老人辛弃疾身上。白发对视，无一丝自怨自艾，这情景，真是可以震动一个朝代的悲壮。

大材小用，管仲、萧何一样的才华，就这样被浪费了。可没有人能够庸俗地以成败论他，他的人生，从来就没有虚度。

咱家的青兕和老爷子

辛弃疾并不是一个单纯的词人、文人，甚至也算不得一个传统意义上的正人君子。他这一生，为将，为官，有的是心机，精通的是权谋。

他在长沙组建湖南飞虎军的时候，条件十分艰难，从招兵买马到营房、兵器，一切白手起家。虽然皇帝同意了，朝中掌管军事的大佬们还是有人反对，想把这件事给搅黄了。辛弃疾心中有数，必须加快脚步了。他要在一个月内把飞虎军的营房做好，可是正值秋天，阴雨连绵，缺少了二十万片瓦，来不及烧制；还需要大量石块，凭现有的人工，根本没办法在短期内采完。

怎么办呢？辛弃疾用两个简单的办法解决了。首先，他请长沙城中的居民，每户从屋头上取二十片瓦来，现场付瓦价一百文钱。居民们全拎着瓦来了，两天就凑足了数目。然后呢，他让当地的囚犯去采石头，不白干，根据交来的石块数目，给减轻罪刑——犯人们干得热火朝天，也很快就完工了。

其他费用也都落实得很快,一切进行神速。朝中的大佬们,终于逮到把柄了,跑到皇帝面前说辛弃疾在搜刮老百姓的钱,要不效率能有这样高?于是,飞马递来了一道"御前金字牌",命令立刻停止飞虎军的组建。这金牌可是经皇帝和宋朝的"国防部"枢密院发下来的,万难抗拒。该赶紧停手并惶恐待罪了吧?辛弃疾才不,他把金牌藏起来了,跟大家说:"没事,皇上夸咱们呢,继续干啊!"

干完了,他把所有费用、经营过程、营寨详图,全部写成折子,送给皇上看,一清二楚,任谁都找不到毛病。皇帝也就只好放心了。

类似的事,在他的为官生涯里还有很多,心细的没他胆大,胆大的没他心细……唯一的遗憾,就是这些都没用在"往上爬"的金光大道上。什么建军队搞边防啊,救灾救荒啊,整治民生啊,这类吃力不讨好的事,他倒是用足了花招。

好在,他也不是自虐狂,他把自己和家人的生活都打理得很好。不说别的,他从来就没为经济愁过。四十岁时,他就买下了江西上饶城外连带湖在内的一片土地,起了个庄园,叫"稼轩"。其规模,依洪迈的《稼轩记》说,有湖有田,建了一百多所房子,亭台楼阁,样样俱全,还是辛弃疾亲手绘图纸设计的。被弹劾落官后,正好,他拍拍屁股就回去搞装修去了。

古板的道学家朱熹跟辛弃疾关系很好,庄园修建还没全部完工呢,就悄悄地跑去参观,张口结舌地回来了,给陈亮八卦说:"庄园那个华丽啊,我这辈子就没见过!"

后来辛弃疾在瓢泉又买地起了个庄园。有文字记载的侍妾就有六个,儿女加一起至少有十个,一大家子住庄园里,养的奴仆也不会少……

他对朋友也一掷千金,和刘过一见面就送他两千贯,还要给陆游盖房子。总之他很有钱,有钱得超出了正常水平,如果只靠俸禄,想都不要想。

钱是怎么来的?弹劾他的人也在这上面做文章,说他贪赃枉法,横征暴敛。

至少有一点可以确定,他在用军队经商。这其实是宋朝军中的传统,朱熹有次无意中拦截到他的一船牛皮,辛弃疾说是公物,给讨了回来。朱熹也没办法,只有背地里摇头而已。

另外嘛,我猜测有些是从土豪劣绅那里敲诈来的。他一向讨厌这些为富不仁的家伙,到哪儿都是严打。其他的来路不好说。不过,正是这些成为"悬疑"的瑕疵,才更落实了雄豪一世的辛弃疾在人间真实的音容。

隆兴府粮荒,他来了,招募诚实的人用官银去各地买粮,下令囤积粮食者流配,抢粮食者斩。一手开源、一手高压的政策下,粮荒问题迅速解决了。他在福建缉盗,逮到一个就斩首,霎时间群盗远遁,境内太平。

"奸贪凶暴",是对头给辛弃疾的评语。这四个字下得也好,这位辛幼安先生,绝非空谈的清流,或者只会流泪的圣母,他可是一头力能杀人的青兕呢!

所以清朝的陈廷焯说:"稼轩有吞吐八荒之概,而机会不来,正则可以为郭、李,为岳、韩,变则即桓温之流亚。"治世之能臣,乱世之奸雄。很可惜,如果不是着了那个"收复中原"的魔咒,如果不是故国山川、遗民血泪,从年少时就刻在心底,他何必把一生过得如此憋屈?

不过是君子有所为,有所不为。不是我不会,是我不能够。好在,他懂风情,会享受,有的是自我调适心情的方法。游山玩水,歌舞欢宴,呼朋唤友,填词作赋,或者,只在附近村里头闲晃也好。

清平乐

茅檐低小,溪上青青草。醉里吴音相媚好,白发谁家翁媪?

大儿锄豆溪东,中儿正织鸡笼。最喜小儿无赖,溪头卧剥莲蓬。

辛弃疾喜欢乡村，连庄园里都留下不少空地做稻田。今天喝了点酒，跑到边上的小村里，看到了一户人家。老头儿、老太太已经白头到老了，在用婉媚的吴地方言说着家常话儿。家里的几个娃儿，都不闲着。大的在菜地里锄豆苗，中间的在编织鸡笼，最小的最懒散，躺在溪边上剥莲蓬——倒也是个活计，就不知道吃得多还是剥得多。

茅屋低小，溪边青草，日头晒得懒懒的，黄发垂髫，并怡然自乐。可是空气里弥漫着一股子劳动的喜悦，这是最普通的江南农村景象。辛弃疾写这个，竟然写得陶陶然。

在乡间终老，老到头发都雪白了，和老伴坐在夕阳下、瓜架旁，看儿孙们嬉闹……如果可能，他会过这样的生活？

也许吧！辛弃疾一生，常以三国、两晋的英雄们自许，但最欣赏的人，却是陶渊明。

他心中的陶渊明，跟传统形象不太一样。他说，陶渊明才是真正的豪杰，想做官，就出来，讨厌官场了，就回家种田，坦荡率真，根本不在乎世人怎么想。他说，陶渊明的人生才是大境界，不像谢安那样装模作样，非说什么为天下苍生而出山。他写了好多追慕陶令的词，希望有一天，也能过着淡泊的生活……

不如说，这是另一个辛弃疾，是他心目中那个完满的、理想和人格超越现实的自我。现实当然无法超越，他的雄心和才华都不允许。当现实开始召唤时，他就会立刻出发，就像大家目中所见的那样："不以久闲为念，不以家事为怀，单车就道，风采凛然。"还是一头青咒。村头溪边和老妻唠家常的老头子，那种形象，当然也会有，但只有他的家人子女，才能见到了。

一位宋代淑女的鲲鹏志

我家夫人是个赌鬼

除了赵明诚,没什么人知道,李清照是个赌徒。

总是在悠闲的午后,阳光散淡地照进屋里。夫妻俩指着堆积如山的图书,猜某个典故、某句诗在某书的某一页,谁猜中了就能喝一盏新煮好的茶。这赌注看上去不吸引人,但两人玩得兴高采烈,以致连茶碗都打翻了,谁也喝不成。赢家总是李清照。

夫妻俩还比赛写词。李清照写了小词《醉花阴》:

薄雾浓云愁永昼,瑞脑消金兽。佳节又重阳,玉枕纱厨,半夜凉初透。

东篱把酒黄昏后,有暗香盈袖。莫道不销魂,帘卷西风,人比黄花瘦。

这是两人婚后小别,又逢重阳节,相思无聊,只好作个小词。做成兽形的金香炉里,烧着瑞脑香;床上有小小双玉枕,轻纱的床幔,睡到半夜,秋凉渐生……都是初识闺愁的少妇口吻,本色当行。也可以看出她家境良好,生活细节上的精致讲究。

把酒对菊,菊花的香气融进了袖子里,是一种闲而又闲的愁苦。几不可解,一解说便失了韵致。最后三句更是神清骨秀,无限销魂。

赵明诚也是自恃有才的,看到这一则美妙的小情书,他心中不服气,绞尽脑汁又写了十五首,和老婆的放在一起,拿给朋友看。朋友说:"莫道不销魂,帘卷西风,人比黄花瘦。就这三句最佳。"赵明诚就没脾气了。

这两个人在一起,有好多事情做。他们都喜欢图书、书画、古董、金石碑帖,孜孜不倦地到处搜集,合伙"败家",在外面突然看到喜欢的,手上资金不够,便脱下衣衫首饰去换钱。搜罗回来,两人又一起整理、鉴赏、考订。

还有打双陆、下象棋,消遣的小玩意儿,闺房之戏,李清照是行家,玩起来又认真,赵明诚总是输。

换了脾气稍微差点的老公,都要面子上挂不住了,要感叹才女难缠难养了。确实,李清照这样的文艺才女,在婚姻生活中本是不易讨喜的:既缺少温文恭良的妇德,对老公也不举案齐眉;

操持家务更不见长,更兼性格不好,仗着聪明劲一味好强好胜,男人懂的,她懂得更多;兴致来时也能小鸟依人,却断不能对任何男人作膜拜状。有人说,保持婚姻幸福,需要女人永远崇拜着她的男人,哪怕假装的也好呢!可她不能,连赌个茶、下个棋也不小让一步。

处处被好胜的老婆压过头去,赵明诚倒不在意。他就爱她聪明又有风情,喜欢被她拉去郊外踏青,乐意被她缠着打双陆、下象棋,然后,苦笑着输给她。好在,古代男人至少占得一点心理优势,他们不需要连事业也面对独立女性的竞争,无论如何,面子上都还有个保障——不过闺房之戏,外面的天地,才是男人的大舞台。

不论男女,才华都不是婚姻中真正的障碍,关键只在于:这一方,愿不愿意懂得与包容;另一方,知不知道感激与回报。才情过高的人,往往被天赋的才情裹挟着走,生命卷起一身的惊涛,顾不全身边人的感受,不是凉薄,是身不由己。所以,双方若势均力敌,碰撞出的激情火花的确令旁观者目眩,却很难走入婚姻的美满。倒是彼此间有一定的差距,结果来得更可预测。

英国天才女作家弗吉尼亚·伍尔芙如果不能遇上伦纳德·伍尔芙——那位沉稳而具备博大爱意的丈夫,她很可能会更早地被她的才华和精神疾患毁灭。尽管文学造诣上,她的老公远不及她。

而宋朝的淑女李清照，深受儒家中庸之道教诲，她拥有的惊人才华，从来没有溢出过正常人生的轨道，只是辅佐着她，将生活行云流水，一路从容蘸墨写来。

爱情童话的终结

> **一剪梅**
>
> 红藕香残玉簟秋。轻解罗裳，独上兰舟。云中谁寄锦书来？雁字回时，月满西楼。
>
> 花自飘零水自流。一种相思，两处闲愁。此情无计可消除，才下眉头，却上心头。

"红藕香残玉簟秋"七个字，被评家认为精秀特绝，如不食人间烟火者。其实于她，也只是忠实记录了生活。她始终写的是自己，是闺中情怀。闺情早已给男性词人们写得泛滥，不知该怎么语不惊人死不休才好。都不如这真正的小女人，句句平白，反而天然地妩媚风流。

这么个夜晚，荷花凋谢，睡在精致光滑的竹席上，丝丝渐浓的凉意，让人感觉到秋天真的来了。她轻轻解下外裳，一个人悄悄地驾了叶小舟，荡到湖水中去。一系列简洁的动作描写，蕴藏复杂情绪。明明天气晚凉，为何还要解衣，还要到那没人处吹风？只能说，是人的内心里，有着隐隐的燥热——我们应该都体验过这样的时刻吧？天气再冷，心里有一团小火苗在灼着，灼得人不得安宁，好想恶狠狠地吃几大碗冰激凌，喝上一扎冰镇啤酒。

这恼人的热度，来自离别，来自相思。她在后面给出了答案。鸿雁传书，她在盼谁寄云中锦书来呢，在这月满西楼的时候？她的爱人。花瓣飘落在了水里，花谢无情，水流无情，这是一种无奈的惆怅，但分隔两地的人，互相思念的心是一样的……

"此情无计可消除，才下眉头，却上心头。"平白如话又动人心魄的句子，一点点怨怅都无，有的只是温婉深厚的爱意。

检点这对夫妻相伴的一生，除了赵明诚出门寻访金石文物，以及中年时短暂的出仕，他们基本上都是双宿双飞，少有分居的时候。而那些个短暂的别离，对于拥有着浪漫诗性的李清照，便大有漫长的"三秋"之感，催生出无数深情的词句。

多么幸运……甚至于，他们的感情，禁受住了残酷的现实考验。

婚后不久，李清照的父亲李格非便名列"元祐奸党"，被贬官远放到广西。公公赵挺之则青云直上，一直登上了相位，却自始至终，并不曾对亲家伸一伸援手。李清照思父心切，便不顾忤逆之嫌，愤而上诗给公公，指责他权势炙手，而心地如此寒凉。

对"元祐奸党"的打击，并不纯粹是新旧党争，主要是宋徽宗要树立权威，集中君权，对文官团体进行大面积清理。李清照年轻气盛，对复杂的政局并无多少了解，她怪罪赵挺之，老实说，是有点找错方向的。

赵明诚呢，说来也巧，他爸的死对头——"奸党"主力苏东坡、黄庭坚，恰是他的文学偶像。为此，他与身为"新党"领袖的老父，在家早不知冷战过多少回了。这一次，他自然也是要站到妻子一边的。

1107年，朝廷越发刚愎自用，好大喜功，蔡京重登相位，赵挺之忧急而死。死后三日，即以包庇"元祐奸党"而被追问罪责，家产被查封，族人遭拷问，最后，全家老小被赶出了京城，回山东青州老家集体养老去了。

这次政坛败退，对赵家来说，打击是沉重的。李清照和赵明诚呢，在京城的富贵风流中长大，此时都不过二十来岁，风华正茂的年纪，没了父辈做靠山，远离繁华，按理说，应该是不适应的。然而不，这二位，天生天配的一对儿文艺青年，对仕途没兴趣，视富贵如浮云。在老家的这十余年，反倒成了他们一生中最幸福自在的时光。

再后来，就是"靖康之难"了。童话中的王子、公主，落入了现实，迎来了真正的别离。前半生是获得，后半生是失去，一件件地失去，生命中曾经"当时只作寻常"的所有珍贵之物。

那一年，她四十四岁。金兵长驱直入中原，赵构在南京应天府（今河南商丘）建立南宋朝廷。赵明诚作为食国家之禄的官员，于危乱中受命，独自赴任江宁。李清照带着十五车书，随后去找他。短暂相聚后，便又是离别。李清照在船上看着岸上的他，他母亲刚刚去世，此刻穿黑衣，头巾掀起来露出了已不再年轻的额头，目光灼灼。她看着他，忽然心如刀割。

在《金石录后序》中，她回忆当日情景：

余意甚恶，呼曰："如传闻城中缓急，奈何？"戟手遥应曰："从众。必不得已，先弃辎重，次衣被，次书册卷轴，次古器，独所谓宗器者，可自负抱，与身俱存亡，勿忘之！"遂驰马去。

一个独自照顾家族逃难，一个匹马赴任危城，生离死别边缘，惶急之中，也说不出什么儿女情长，只能把紧要的事情嘱咐一下：紧急关头，先扔家什衣物，再扔书册古玩，而"宗器"绝不可丢。宗器，古代宗庙祭祀用礼器，现代人早已茫然不知为何物，在某些顽固的古人眼里，其价值高于一切。他竟然要妻子与之共存亡，而李清照也理所当然地答应了。

真是一对儿迂腐。然而，也就是这沉重时刻，我才读懂了他们的婚姻，读懂了他们彼此眼中的对方。尘世之中，来日大难，口燥唇干，山盟海誓都是虚妄，唯最后可以放心托付的那个人，才是浓雾中坚实的依傍，知道至死也可信任。

可惜的是，疾风知劲草，板荡识忠臣。太平时期标榜气节，到真正危机来临时，才发现没那么容易。

赴任江宁的第三年三月，城中叛乱，身为知府，赵明诚却乘夜从城楼吊下绳子，逃跑了，因而被罢官。五月，又复起用为湖州知府。心怀羞愧的他，纵马狂奔，赶往建康面圣，八月即染疟疾而身亡。

连证明自己、一雪前耻的机会都没有了。赵明诚死在李清照的眼前，临终提笔作绝命诗一首，再无二话，于家事更是毫无嘱托。枭雄曹操死前，还曾恋恋地分香卖履；北宋士人赵明诚，那温柔多情的才子，却已失语。他只是一撒手，把一切丢给了妻子。

童话结束了。

说英雄，谁是英雄

李清照流寓江南，家财丧失殆尽，稍稍安顿下来，陪伴她消磨永昼的，除了吟诗作词，竟然就是她打小就酷爱的"赌"了。

"予性喜博，凡所谓博者皆耽之昼夜，每忘寝食。"在一篇专门研究赌技的文章中，她自得地声称平生从未输过。她还说："慧则通，通则无所不达；专则精，精则无所不妙。"这女人，一把年纪了，性子还是这样的自信和好胜。

她又不喜欢掷色子之类，热爱的是智商角力与机遇取舍。寓居金华的时候，她经常邀约邻里女伴来玩一种"打马"的游戏。

她兴致勃勃地写了篇《打马赋》，描述这个游戏："将图实效，故临难而不四；欲报厚恩，故知机而先退。或衔枚缓进，已逾关塞之艰；或贾勇争先，莫悟阱堑之坠。"

这已经不仅是游戏、赌局，更是场关系生死存亡、三十六计并出的战争。文章最后，她说："老矣谁能志千里，但愿相将过淮水。"图穷匕见，曲终义见，即使寄情博戏，惦记的仍是有忠臣良将不恤此身，把那失去的大好河山光复。

因为赢家又总是李清照，大家渐渐不愿陪她玩了。其实，她们怎么做李清照的对手呢？她的心那么大，甚至比肩负着家国的男人们更大……可她只是个女人。女人的世界只允许在家庭,即使你是个惊世的才女也没用。小的时候,老爹那么疼爱她,天天说自己女儿若是个男人,什么样的功业都立下了,最终能为她做的,也只是尽力找个好婆家,让她相夫教子而已。

何况那样的世道,连男人也做不得什么。

她曾写过一首著名的诗:"生当作人杰,死亦为鬼雄。至今思项羽,不肯过江东。"都说李清照是婉约词派的代表,然而她的诗,往往写得豪壮,有磊落丈夫气。项羽不通帝王权诈之术,行事鲁莽凶暴。但她思项羽,思的不是功业成败,而是项羽身上的骨气。那不肯包羞忍耻、委曲求全的决绝,你可以说他蠢,但不能不承认,在生死关头,他是个英雄。

而李清照骨子里是向往英雄的。她还有诗句:"南渡衣冠少王导,北来消息欠刘琨。"南宋的文人,对东晋的历史最有认同感。二者都是偏安于江南一隅,把中原让给胡人而无能进取。所以像王导、刘琨这样的有志之士,很被大家赞赏。

不肯新亭对泣的王导也好,闻鸡起舞、枕戈待旦的刘琨也好,最后都失败了。但事有可为与不可为,人为其必为而已。有些事,是知道必败,也不得不做的——这才是真正的豪赌,赌上自己的一切,只为捍卫灵魂。

诗以言志,看一个人的志向,往往要从诗里去领略。而词为娱情，寄托人生余兴。李清照把两者分得很清，她的词里，有生活况味，有离情别绪，有人生百般无可奈何之细节，却始终牢牢守住题材的约束，但写闲笔。也够了，那闲笔里的郑重，婉约里的坚持，懂得的人，一看就懂。

添字采桑子

窗前谁种芭蕉树？阴满中庭；阴满中庭，叶叶心心，舒卷有余情。

伤心枕上三更雨，点滴霖霪；点滴霖霪，愁损北人，不惯起来听！

最寻常的芭蕉，被她写得物我同化，又自然天成，而主旨在漫不经心的最后两句里，"愁损北人"——北方来的中原遗民啊！

永遇乐

落日熔金，暮云合璧，人在何处？染柳烟浓，吹梅笛怨，春意知几许？元宵佳节，融和天气，次第岂无风雨？来相召、香车宝马，谢他酒朋诗侣。

中州盛日，闺门多暇，记得偏重三五。铺翠冠儿，捻金雪柳,簇带争济楚。如今憔悴,风鬟霜鬓,怕见夜间出去。不如向、帘儿底下,听人笑语。

南宋后期的词人刘辰翁,说自己每读此词,则泣下不能自持。这是李清照晚年写的,除了开头极工稳精绝的警句,其他的,只是慢慢白描生活。她说,这样的天气光景,都不知道自己身在何处了。南下已经多年,怎么也生活习惯了吧?她却不,那是因为回忆太深刻。她说,这样的元宵佳节,春在柳梢梅边,人们都尽情欢乐,可是,春日天气无常,谁知道会不会突来一场风雨呢?亲友相邀来玩,为何要这样扫兴?她只是借题发挥,一片升平中,她嗅到了来日不祥的气息。

而且,眼前一切怎么好和当年的中州盛日比,今天的老妪,又怎么重拾那青春时期的无忧?她说她怕夜里出去,所以推辞了朋友的好意,且站在帘子底下,默默地听着人们的说笑吧!

看起来都像在说老去的无奈,然而,有心的人读到了强烈的痛楚。人老了,国也老了。她已不再相信,有朝一日,还能回到中原家乡;有一天,破碎的山河还能重拾。她放弃了。连本该不问政事的女人,都失望至此,无怪刘辰翁等亲眼见到更多压城风雨的人,会为这首词哭得伤心伤意。

李清照提笔为小词,举世惊艳,以为是两宋独创一格的大家，与李后主、李太白并称"词家三李"。她的"独"，就在于她完完全全是自己的风格，不受任何外人的影响。她对词坛大家，曾一一作点评，毫无敬畏，而又保持中允。她说王安石、曾子固这两位文章大佬，写出来的小歌词毫无章法，一听就要笑倒。她说晏几道的词少铺叙，贺铸的词少典故，秦少游就是个贫家美女，美则美矣；黄庭坚又过于质实了，瑕疵多；连晏殊、欧阳修、苏东坡这等才华横绝的人，写出来的词也只是句读不葺的诗……

不是狂妄，而是遵从她对于词体的严格要求：词与诗文相比，别是一家，虽是娱乐，也要持严肃态度，不可损伤其音乐美感，必须文字与音律相协调，内容与情致都充足。而她也以此要求着自己的创作。

不过一次再婚而已

流寓临安不久，李清照再婚了。在宋朝，妇人再嫁很平常。甚至曾有法令，寡妇不肯再结婚的，父母有权命她再嫁。有的官员家中女眷守寡不嫁，还曾受到御史弹劾，说其家长不近人情。后来明清时期，理学盛行，才把妇人守贞视为天经地义，惹得些粉丝对李清照再嫁一事痛心疾首，要拼命替她辩诬。

那是赵明诚死后的第三年。自北方携来的金石文物流失大半，但剩下来的，还是足够让人觊觎。她一个寡妇守着这些，便有了许多来自男性的烦恼：无事献殷勤的、直接敲竹杠的，每天应付不迭，十分头痛。这时候，有个叫张汝舟的人出现了。此人进士出身，斯文有礼，对她百般呵护，进而求婚。他表现得如此良好，连李清照的家人都很欣赏。李清照考虑再三，可能觉得家中有男人主事总要好些，便应了下来。

婚后，男人的真面目很快暴露出来，娶李清照只是为她手里残存的文物，发现她看守得严密，断不肯把这些与赵明诚费尽心血收藏的东西轻易交付时，竟对她大打出手。

他打量她妇道人家，嫁都嫁过来了，怎么也翻不出掌心去，于是放心地现出嘴脸，得意扬扬之余，把自己科举作弊的勾当也说了出来。李清照抓住把柄，一状告上官府，申请离婚。根据宋代法律，无论什么原因，妻子告丈夫，就得坐上两年牢。所以婚虽然离掉了，张汝舟也倒了霉，但李清照也被抓了起来。幸亏朝中有亲友帮忙，关了几天后她就被赦免释放。

张汝舟的失败，在于他轻看了李清照，未曾见识过她与生俱来的好强好胜，以为像寻常妇人般可欺。而这件事，于李清照，是人生中又一场赌。这赌局，她先下错着，然后弃卒，保将，终获险胜。宁可面对世俗嘲骂与牢狱之灾,也要寻回自由身,其勇气与决断,近乎壮士断腕。

渔家傲

天接云涛连晓雾,星河欲转千帆舞。仿佛梦魂归帝所。闻天语,殷勤问我归何处。

我报路长嗟日暮,学诗谩有惊人句。九万里风鹏正举。风休住,蓬舟吹取三山去!

到了生命的暮年,李清照一反常态,从心所欲,写出来的词,风格竟与苏辛一脉相承,有着无限高远的豪情。开篇便直入星河云涛的茫茫苍穹,灵魂飞向天帝的宫殿。除了李白,还真没几个人有这等口气,苏轼也只是望月而欲乘风归去罢了。听见天上人殷勤相问:你要归向哪里呢?答道:路漫漫,日已暮,学诗呢徒然有些惊人的句子而已——"谩有惊人句",这一个"谩"字,于自嘲中显出沉着的自信来。她说她要像乘风展翅的大鹏一样,乘着这一叶小舟,随风直向那海外仙山而去。

"北冥有鱼,其名为鲲。鲲之大,不知其几千里也;化而为鸟,其名为鹏。鹏之背,不知其几千里也;怒而飞,其翼若垂天之云。"这世上有几个男人,敢以鲲鹏自拟?而她只不过是个闺阁中的女人。能够坦然作此语的女人，怎可能是池中之物？

　　是的，李清照一生好胜，柔弱外表下，藏敛着大鹏那高飞的羽翼，有着赌徒般强悍的决心。这是才女不为人知的另一面：在女人仅有的狭窄空间里，挣出自己的天宽地阔。哪怕肉身伏倒尘埃，也不肯把独立的灵魂和飞扬的心性输出去。

这不是一首给伤心人的歌

> 这不是一首给伤心人的歌,没有为失去信仰者的默祷,我不希望自己只是芸芸众生之一,你将会听到我的声音,当我大声呐喊出来。
>
> ——Bon Jovi乐队

淳熙十一年(1184年)春天,陈亮被抓进了监狱。

第一条罪名,谋逆。他和几个狐朋狗友带着青楼女子喝酒。有个家伙喝得太高了,竟然搂着女人叫"爱妃呀",其他的人就起哄,说妃子有了,那也要封宰相喽。醉鬼就指陈亮:"他,是左相。"转头又指:"你,右相。"大家哄堂大笑,乱叫乱唱一气后作鸟兽散。没想到此事被人告发。

第二条罪名,投毒杀人。说他在赴宴时,把跟自家有宿怨的邻居给毒杀了。

第三条罪名，索贿受贿。陈亮刚盖了几间房子，一家人够住而已。但他之前太穷了，穷得令人伤心，又没正经营生，大家就怀疑，这钱，说不定是借他那当官的朋友朱熹的名头到处要来的。

这些罪名都落实下来，一代狂生陈亮就性命难保了。因为有谋逆的事在里面，加上陈亮乃知名人士，案子被郑重其事地送到了孝宗皇帝面前。宋孝宗一看，勃然大怒，把案卷扔了一地，说道："秀才醉了，胡说乱道，何罪之有？"一介书生，无职无权，在家发发酒疯，怎么也蹦跶不到天上去，头脑清醒点的主子，谁和他计较？两宋毕竟不是明、清，还是不大时兴文字狱的。

陈亮很好运，皇帝发了话，他的好友、学生，以及朝野相信他人品的人，奔走营救，把他从大牢里给捞了出来。罪名虽然都被证明是子虚乌有，到底沾染了一身晦气。

一个在家秀才，会轰轰烈烈倒这么一个大霉，明眼人都知道，是被罗织陷害了。他曾这样总结自己的一生："六达帝廷，上恢复中原之策；两讥宰相，无辅佐上圣之能。"口气之大，怪不得人人皆目为"狂怪"。

早在淳熙五年（1178年），布衣陈亮伏阙上书，连上三封，宋孝宗很受震动，想要破格起用。苦于此事影响较大，臣子们可能会有意见,正暗暗计较之际,有一个叫曾觌的人,窥到了皇帝的心意。这位是有名的见风使舵之人,他跑去找住在旅馆里的陈亮,想要拉拢拉拢。不料陈亮一听说来的是此人,竟然翻墙跑了。把曾觌气个倒仰,到皇帝面前好一通添油加醋。而派来考核陈亮的官员,也被他的狂言无忌吓到目瞪口呆,回过神来,组团到皇帝面前痛心疾首地反对,誓不能跟这种人同朝为官。

宋孝宗权衡之后,决定先授陈亮一个官职,至于其政治主张,则不置可否。陈亮大为失望,说他这么辛苦,想的是大宋这数百年之基业,可不是为了换一个小官来做!挥挥袖子,回老家去了。

曾有朝廷大员对陈亮的评价是:"秀才狂言,没什么值得听的。"那么,他在策论里,写的到底是些什么呢?大致有以下这几点。

一、援引东晋的悲惨结局,说苟且偏安,必定亡国。统治者不思进取可不行啊,天意、人心都会背离你的。

二、生于忧患,死于安乐,不如撕毁和约,跟金国开战!在战斗中激起民心士气,让真正的人才涌现。

三、中央过度集权,削弱了地方上的活力,庞大的行政官僚机构,影响国家的财政与民生,要厉行改革。

四、钱塘做首都,不足以立足,应移都建业,依靠荆襄之地发展实力,进而北图中原。

五、皇上乃有为的明君,可惜群臣都不中用。要么忘了君父大仇,只知道谈空说有;要么就没实干能力。总之主和派、主战派都不堪重用。

关于南宋的现实弊病,他看得确实清楚。战略大方向上的规划,也还颇有道理。只可惜,每一条都没有现实推行的可能性。最重要的是,陈亮把所有朝臣,包括主和、主战两派全盘否定,他以为国事只要有皇上支持就可以……想得太天真了。

陈亮没有亲身的政治实践,所有主张来自天资、博学与敏思,到底还是书斋里的一厢情愿,说是"狂言"并不为过。宋孝宗呢,继位之始,曾替岳飞恢复名誉,起用主战派挥师北伐,大败而归,不得已订下屈辱的"隆兴和议",靠割地送钱换来暂时和平,只好转而专心内政,居然百姓富足,景象升平,也算是南宋有作为的皇帝了。

只是,南渡之恨、纳贡之耻,总归是心头一根尖刺,于也曾志向远大的孝宗,这根刺就扎得更深。此时出现了陈亮,尖锐昂扬,远非庸碌的朝臣们可比。只是,国力衰微,非一日之寒。变革之难,牵一发而动全身。仅对付宫内那位不在其位仍谋其政的太上皇和各怀鬼胎的文武大臣,孝宗就已心力交瘁。重用了他,就能回天?孝宗像每个被现实狠狠扇过耳光的人那样,变成了实用主义和保守主义者，只能对着陈亮的一篇雄文，深叹一口气。可他也记住了陈亮，那就像昏昏欲睡时闪现的一道电光、一撮火苗，把梦想重新照亮。所以，直到六年后，陈亮的名字以谋逆之罪再度出现在他眼前，他终于忍不住大发脾气。不仅因为罪名的牵强，还因为，他不想看到陈亮这个狂秀才悲惨的结局——那好像在讽刺他自己作为君主的这一生，这些未遂之志，这些愧对先祖的丧权辱国。

淳熙十一年，陈亮第一次入狱。三个月后，他从狱中回来。休整一段时间，赶上太上皇赵构驾崩，主和派的最大靠山倒下，他又看到了机会，决定再次伏阙上书。这一次，他长了经验，出发之前，先跑到南宋与金国之间的战略要地京口（今江苏镇江）、建康一带考察地形，得出的结论是，此地龙盘虎踞、地形开阔且有水师之利，移都城于此，励精图治，足可以与北地争雄。他在这里写下了一首著名的词作。

念奴娇·登多景楼

危楼远望，叹此意、今古几人曾会？鬼设神施，浑认作、天限南疆北界。一水横陈，连岗三面，做出争雄势。六朝何事，只成门户私计！

因笑王谢诸人，登高怀远，也学英雄涕。凭却长江，管不到、河洛腥膻无际。正好长驱，不须反顾，寻取中流誓。小儿破贼，势成宁问强对！

这简直可以看成一篇短小的策论，气势雄浑，又自有一番壮丽的诗情。他先描绘了京口在战略上的地形优势，足可以拥此而进军中原。接着指责把长江看作南北疆界只适合偏安的观点，嘲笑历史上在江南苟且偏安的王朝们。然后又运用了东晋的典故。西晋灭亡，皇室与群臣仓皇南渡。大家心里还是很悲伤的，一到春秋佳日，就成群地跑到江边上，喝着酒，隔水遥望故国。有一次，有个人就在那里叹息：风景还是一样的，山河却已经变色了呀！众人都落下泪来。只有丞相王导，勃然作色，斥道："我们应当共同效力朝廷，收复神州，怎能像亡国奴一样相对哭泣呢！"

这就是"新亭对泣"的故事。新亭在今天南京市，也就是陈亮考察过的建康。陈亮借古讽今，指斥以王、谢家族为代表的东晋高层，说他们枉称英雄空垂泣，白白守着个长江，却不知道怎样才能收复中原，一洗胡人腥膻。只要形势有利，就应该毫不犹豫地在此挥师北上，长驱直入，像祖逖与谢安那样，打败北方强敌嘛！

关于词中所说的"有利形势"，他曾在首次上宋孝宗书时明确解释过:"常以江淮之师为虏人侵轶之备,而精择一人之沈鸷有谋、开豁无他者,委以荆襄之任,宽其文法,听其废置,抚摩振厉于三数年之间,则国家之势成矣。"这一次,他再次上书孝宗,便根据实地考察,补充完善了意见。

多景楼,是京口的名楼,在北固山上甘露寺内,北临长江。辛弃疾也曾来此,写下《永遇乐·京口北固亭怀古》:

千古江山,英雄无觅,孙仲谋处。舞榭歌台,风流总被,雨打风吹去。斜阳草树,寻常巷陌,人道寄奴曾住。想当年,金戈铁马,气吞万里如虎。

元嘉草草,封狼居胥,赢得仓皇北顾。四十三年,望中犹记,烽火扬州路。可堪回首,佛狸祠下,一片神鸦社鼓。凭谁问:廉颇老矣,尚能饭否?

辛弃疾写下此词时,已经六十六岁,被起用为镇江知府,担负着抗金卫国的重任。然而,在词中,他的情绪是郁结的,充满了对时局的迷惘、时不我待的焦虑,以及英雄老去的悲怆。整首词读下来,是一种把栏杆拍遍后,怆然长叹的低徊感,完全不似陈亮北固楼怀古的那种昂扬乐观心态——稼轩写此词时,陈亮已经去世多年了。

陈亮再次上书，还是无功而返。宋孝宗也老了，有心无力，没办法再陪他兴奋了。回老家两年后，陈亮再次因谋杀罪入狱。当年陈亮的父亲也是因此被指控而身陷囹圄的。现在又轮到陈亮了。原因是陈家的家童，把当年侮辱过陈亮父亲的人给打死了，死者临终前说："是陈亮派人杀我的。"

陈亮被关了一年，两个家童被打得死去活来，却并没有供述陈亮主谋。最后，因无确切人证物证，加上辛弃疾等人奔走救助，官府还是把陈亮给无罪释放了。本来菲薄的家底，就此弄得个一干二净。

这件事很是蹊跷。陈亮一家，在当地与亲族乡里关系一直处得不太好。陈亮自己总结是"与世多忤"，但说到纵家仆杀人，乃至于亲自投毒，也实在令人难以相信。

这里有必要介绍一下浙江永康。在南宋时，这里是个很穷的小地方，既不像现在这样商业发达，又未像江浙其他地区那样占到鱼米之盛。

"七山一水二分田"，土地贫瘠，在农业社会就意味着贫困与艰辛。民风善嫉好争，多有无赖以打官司而谋生博利。陈亮一家，在当地是异数。陈亮祖父是个不第秀才，前半生文不成武不遂，后半生泡在酒里，醉酒狂歌，备受乡人侧目。陈亮更把这狂放发扬光大，穷的时候也不过被指点嘲笑，一朝突然发家了，难免要遭受嫉恨。

陈亮一介布衣，但名声太大，作为最坚定、最鼓噪的主战派之一，政敌也不少，历年来不知得罪过多少各路大小官员……凡此种种，似可解释他为何一再陷入无头官司。然而真相如何，也无从确知了。好在，陈亮相交的友人——朱熹、辛弃疾、吕祖谦等当世的学者豪杰，都坚决地表示相信他的人品。

他的老家，还谣传着陈亮当强盗的说法，说他白天读书，晚上蒙着脸去拦路抢劫，理由是他以前穷得老爸死了都没钱下葬，老婆都跑回娘家了，现在咋就突然致富了呢？其实，在家国宏大叙事的背面，在个体的私生活中，陈亮也曾经做过生意，办过学堂。他所倡导的学术也是以实用为体，讲究功利。他并非一味宣讲道德文章的迂夫子。再说，又有辛弃疾这等富裕友人的资助，钱的来路，今天看来，并不算多么可疑。

可疑的是他这个人本身。在那样保守中庸、人们循规蹈矩的社会里，他明明具备一定的生活与处世常识，偏要独出心裁地过日子，飞扬跋扈，顾盼自雄。如此狂徒，惹世人憎恶。死后都不得盖棺论定，在后世毁誉参半，就连命运之神，也在冥冥中对着他冷笑呢！

陈亮的一生，还有另外一件纠结的大事，就是科举。从青年时代开始，他连考三次都未中进士，直考得灰头土脸。他平日里，一再声称不为做官，为什么又要如此执着于科举？

他的友人叶适一语中的："使同甫晚不登进士第，则世终以为狼疾人矣。"在世人眼里，唯有科举才是正经出身，表示你有真本事。如果陈亮不能考上，他的所有张扬，都只会被看成书生的夸夸其谈、酒鬼的胡言乱语。

五十一岁，陈亮终于高中状元。连新皇上宋宁宗都为他高兴，长松了一口气。他自己也激动得哭了，拉着弟弟说："等我富贵了，一定提拔你。死后，我们也能穿着官服去见地下的先人了。"

他一生说了很多话，唯这一句让我心生寒意。这还是他吗？还是要"推倒一世之智勇，开拓万古之心胸"的那个陈亮？简直就是范进中举。毁灭一个人很容易，但打败一个硬汉如陈亮，让他在自己曾深为不屑的事物前弯下腰来，这才是命运最恶毒的惩罚。

功名到手，一切都好，朝廷也准备将其大用。不料，陈亮在赴任途中暴卒，连证明自己的机会都没有。而且又是桩无头案，不知道是病死，还是被人暗害。甚至有传说他是因强霸民女而被人杀掉的。

陈亮一生，围绕着他的飞短流长太多了，多得像乌云一样，慢慢遮住了那个昂首呼喊的身影。终不能否认的是，他是个风流人物。大江东去，中国历史上能淘剩下来的风流，其实并不多。

陈亮最卓越的成就不是救国方针，更不在辞藻，而是学术，是他创立了永康学派。活着时，他的家乡容不下他；死后，他被他们奉为"乡贤"。

他的一生，过得像他写的词一样，议论风生，狂放不羁，随时随地都大声唱着。你要是喜欢他呢，就当是志士的呐喊；不喜欢呢，就当是一个秀才喝醉了在胡说八道吧！

为生命中的不可能而恸哭

他们最好的时光

人人都爱秦少游。

秦观,字少游,自出道起,其文赋就被苏东坡夸为"有屈、宋之才",诗词则有王安石赞曰:"清新婉丽,鲍、谢似之。"可与鲍照、谢朓相比,这在唐宋时期是极高评价了。直率的黄庭坚更不嫌溢美:"国士无双。"少游之美名,遂四海沸扬。

少游老家在江苏高邮,父祖为小官,十五岁时父亲去世,家境变差,仍读书不辍,特好钻研兵法,锐气飞扬的年轻人,专爱指点江山。成年后娶妻徐氏,是家乡一位富商之女。老丈人不差钱,就想找个书香门第结亲家。少游的经济因此宽裕了些,可以专心备考。可惜,自二十九岁开始,接连两次都没考中进士。这中间的缘由,时也,运也,且不说了。

秦少游可不是迂腐的人，他痛定思痛，决定另辟蹊径。也就是找人举荐，这是唐宋科举公开的秘密。秦少游不愧为秦少游，他自信满满，竟然直奔文豪苏轼而去。苏轼一读这陌生毛头小子的文章，拍案称绝。只可惜他当时还在政治上的落难期，便写信向虽退居二线，但仍是当政新党精神领袖的王安石力荐，同时又力劝少游："以你之才，千万不要放弃啊！"

流年大吉，这一次，他果然高中了进士。三十七岁，为时未晚，又恰恰赶上好时光，第二年就是太皇太后听政，司马光上台，日月变新天。苏东坡躬逢其盛，数月内官职扶摇而上，大得重用，不忘了拉一把秦观。秦观遂任秘书省正字，兼国史院编修官，预修《神宗实录》，与黄庭坚、晁补之、张耒并称"苏门四学士"。

这是他们最好的时光。大家都在京城，春风得意，友朋相呼，成就文坛盛景："一文一诗出，人争传诵之，纸价为高。"只有秦观，有时候不太开心。为啥呢？他是苏轼的死党嘛，死党者，心性相投也。很不幸，苏轼那不合时宜的毛病，他也有。两人站在朝堂上，慷慨陈词，活似并列的一对笨蛋。

他认为，王安石的变法有可取之处，只是执行方式不对，才事与愿违。司马光废尽新法，实在矫枉过正。然后，他又提出自己的一揽子改革方案，完全不理会当今执政者——太皇太后，平生最恨变祖宗家法。

把新党赶出朝廷的元祐党人，今之"君子"们，上台后，又分成三派——洛、蜀、朔，以政见乃至个人品位不同，互相攻伐起来。三党分别以党魁籍贯命名，苏东坡先生便算蜀党领袖。秦少游"旧党"的帽子刚沾光戴上，现在又义不容辞地被划进了蜀党。

有了新党争，秦少游这个官当得也不安稳，时不时被人下个绊子，告他行为不检、品德败坏之类。他也是，烟花巷跑得太勤了吧，事后还要写词留念。

他又缺钱花。京城居，大不易，搬进东京城（今河南开封），日常花费肯定要上去，家口又多，竟然落到向人诉苦：全家近来几天都喝稀饭——话虽如此，北宋官员俸禄为历代最丰，外加各种补贴，夫人又是富家女，好歹带点娘家钱来吧！少游你竟然能穷成这样？

说起来都是些琐屑烦恼，大局还是好的，可人生意气消磨，不也就在这虫啮之中吗？随年岁增长，秦少游是一天比一天落寞，更"纵情不检"了。直到哲宗亲政，绍圣元年（1094年）开始，朝廷再次大清洗，他被当成旧党之一员，赶出了京城，开始了贬谪之旅。

有句话叫祸不单行。人倒霉，就会一路倒霉。还有句话叫

"对待敌人要像秋风扫落叶般无情"。现在秦少游就是一片倒霉的秋叶,先被贬至杭州,未至再被贬处州(今浙江丽水),处州又添新罪数桩,改郴州、横州、雷州……离京城越来越远,路途越来越艰险,一直被赶到了传说中的"死地"岭南。

这就叫痛打落水狗,打不死,也要整得你灰心丧志,肚皮朝上。亲朋好友齐落难,一片愁云惨雾中,秦少游的悲苦,却又更深些。和苏轼、黄庭坚等朋友相比,他缺少斗争的经验,亦少有苦中作乐的豁达,不太会在人生困境中自我排解,反而有点钻牛角尖的性格。后半生基本上在贬谪中度过,这种日子,于这风流狂荡又志存高远的才子,他受得了吗?他怎么受得了的?

古之伤心人

踏莎行

雾失楼台,月迷津渡。桃源望断无寻处。可堪孤馆闭春寒,杜鹃声里斜阳暮。

驿寄梅花,鱼传尺素。砌成此恨无重数。郴江幸自绕郴山,为谁流下潇湘去?

这首词写于贬地郴州。少游死后，苏东坡将自己最激赏的末二句写在扇面上，反复吟叹，伤感地说："少游已矣，虽万人何赎！"东坡说这话时刚从海南回来，离自己的溘然长逝之日，也就一年时间了。时间真是让人凄怆。第一次见到秦观，他还是风华正茂、漂亮高大的一个帅哥。东坡自己，也才中年。

王国维在《人间词话》中也提到："少游词境最为凄婉。至'可堪孤馆闭春寒，杜鹃声里斜阳暮'，则变而凄厉矣。"

这是少游内心世界的一次大崩溃。笼罩在痛苦绝望中，望不见前程，看不到退路。从凄婉变为凄厉，作不祥之音。

王国维认为，秦观词作的好处，在于能以境胜，把自己的心情移到景物上，创造"有我之境"。《蒿庵词话》中也说："他人之词，词才也。少游之词，词心也。得之于内，不可以传。"

词境通常由外物而感心。在秦观这里，境却源于内心感染，是心给外物蒙上了迷离诸色。他用他那颗敏感而伤痛的心，以横溢的才华，创造了一个独有的美学空间。如果具象化，可以用他的一句词来代表："飞红万点愁如海。"细雨落花非常温柔，寒意却慢慢渗进骨头里，感觉到了酸楚时已无可挽回。

他的词，被评论者戏称"女郎词"。所谓女郎，不仅在于文体的纤丽，更在于情感特质。他的词，没有传统男性气质的进取、豪迈、豁达，有的是女性的自闭、自怜、幽微。即使放他在锦绣成堆、红粉成行的盛时乐事里,他仍然会时不时"怆然暗惊",何况还在逆境中!

当时,少游刚被流放到湖南郴州,他心里很明白,对手不会就此罢休,必会赶尽杀绝——这倒不是少游政治头脑有多好,实在是,他的敏感不仅在文学上,还在于他对世态人情的污秽处,也有超强直觉。这个人,好事怎么也猜不到,但凡坏事,一说就灵,天生乌鸦嘴。

他的敏锐、他的直觉,逼迫着他,刺痛着他,把他往悲剧的氛围里赶。这是他的天才,也是他与生俱来的不幸,成就他的文学才华,却带走了他的快乐。

眼前是惨淡的现实:雾浓,月暗,传说中的桃源也无处寻。这是政局的隐喻,更是心境的写照。什么都看不到,没有半点希望。怎么禁受得了孤身在客馆里,这丝丝袭来、无处可避又深入骨髓的春寒呢?一个"闭"字,极显环境之沉闷,更暴露了他内心的危机——这是因对外界极度恐惧而引发的自闭。

沉重心理压力之下,杜鹃偏又叫了,一直叫到夜幕低垂。

有个插曲,据说,黄庭坚读到"杜鹃声里斜阳暮"一句,说,既有"斜阳",又用"暮"字,字面犯重了,提笔要把"斜阳"改成"帘栊"。秦观的女婿、黄庭坚的学生范温,小心翼翼替丈人辩护:"既然是'孤馆闭春寒',那窗门是关的,现场好像不存在帘栊这东西吧?"黄庭坚答:"就说有也没关系嘛!"

范温一听,满脸黑线,只觉脑后有数只小乌鸦飞过。不过还好,由于他的力辩,黄庭坚亦觉此处炼字太难,罢手了。

范温的想法是:"此词本摹写牢落之状,若曰帘栊,恐损初意。"说得很对,不愧为秦家女婿。诗词本忌字义重叠,但少游此时此境,有此一叠,却更传神。且细看你会发现:斜阳,是日还未全落时,有霞光返照;暮,则是太阳已失,将进入黑夜前的那昏暗时刻。有时间推进,有景色更替。这层层推深的惨淡意境,加上去声韵脚带来吟诵时的短促急迫感,体现出光阴速变,一身无依的焦灼;杜鹃的啼血声,更把绝望渲染到极致。

在这孤馆里,还不断收到亲友寄赠。远道传来的温暖,总该让情绪变好一点吧?于秦观,却更添离愁与客恨。他是典型的悲观主义者、"只剩半杯水"主义者,把恨事砌成墙,垒成屋,把自己关在里面。

最后是为苏轼激赏的两句,也是少游日暮途穷,由苦恨变为痴绝的两句。郴江之水绕着郴山流,山水相依,多幸运的事情啊,为什么还要流走呢?就这样头也不回地流下潇湘,却又是为了谁?

为生命中的不可能而恸哭　195

最缠绵的情话，总是废话；最好的诗句，也常近于废话。少游的这两句，问山问水，问得莫名其妙，天真无比，读来却不觉得可笑，只有同情：连江水都不理睬他这个倒霉的人啊！

《宋史》中对秦观的评价是："少豪隽……强志盛气，好大而见奇，读兵家书与己意合。"如果读其诗词，那实在和人对不上号。不过，人生本就多侧面，一个人的个性和处世态度，也会随着阅历不停变化。

一方面，他是想建功立业、兼济天下的传统儒臣；另一方面，他是多愁善感、心细如发的天才诗人。济世的儒家心胸，是后天教化所得；而敏感的诗人气质，来自天赋。这是少游的表层人格与深层人格。顺境时，表层人格占上风，是儒者；碰到逆境，深层人格就开始发动，一变为诗人。

可见，"清词丽句"与"强志盛气"并无实际矛盾。而"强志盛气，好大而见奇"——你知道，年轻时代的志向，往往算不得数的。那时候大家都差不多，胸怀天下，目中无人，真正要把志向落到实处，靠的一是本人的真实才能，二是机遇，三是耐心与意志。对于少游这样人们眼里的"国士无双"，当机遇不来，便是考验意志的时候了。

意志，不仅意味着逆境中的坚持，还包括不得已时的放弃。少游不行，第一次科举未中，便气得大病，差点英年早逝了。上策论而无果，就大发衰音，放浪形骸，白白地授他人话柄，又弄得自己抑郁。

"好大"，则可能放空；"见奇"，又会无意间忽略世间平常事理。历来才大心大的人们，在勇往直前的路途上，都会不期然遇见这些陷阱。

有人说，少游是"古之伤心人也"。所谓伤心人，是至情至性的人，直觉到生命最深处的痛楚无常，而在现世不得安宁。

正所谓"情深不寿，强极则辱"。这样的人，却有一种好处，与他交往起来，不见城府，推开门，只有一庭皓月，照着那颗赤裸裸的心。他性子偏，脾气急；他小心眼，不听劝；他太好色，太浪荡；他有好多叫人恼火的破毛病……

怎样都好，你是他的朋友，你就会深爱他；是他的话，一切破毛病都可以原谅。越是艺术感悟力强的人越喜欢他，因为他的诗词、他的人，让你看到了这浊恶人世里那些转瞬即逝的美，美景、美人、美的心灵。雾月难逢，彩云易散，他一边拼命挽留，一边为这不可能的任务而恸哭。那哭泣声，只有同样通透的灵魂，才能听得清楚。

秦少游的花儿

倘若老天能够给秦少游多些时间,其实,这个伤心人也能在挨过风霜后,变得坚韧一点,快乐一点。

那时,他谪居广西横州。这地方是落后,炎热多瘴。可风景很好啊,人民热情单纯,个个仰慕秦七学士的大名。他自己也明白:"鱼稻有如淮右,溪山宛类江南。自是迁臣多病,非干此地烟岚。"终归还是一个"放不下"作祟。

有《醉乡春》,可以表达他在此地,霎时儿悲、霎时儿喜的矛盾心情:

唤起一声人悄。衾冷梦寒窗晓。瘴雨过,海棠晴,春色又添多少。

社瓮酿成微笑。半缺瘿瓢共舀。觉健倒,急投床,醉乡广大人间小。

苦中夹杂着乐,乐中又酝酿着苦,避之不及的瘴雨,却也催生海棠娇艳,无边春色。少游此时对于人生的体味,比及当年,更深一层了。他已能够试着自我开解。年已半老的才子,混在手舞足蹈的村民中间,脸上浮着笑容,羡慕地观望着,和大家一起喝着酒,渐渐醉了,一头栽到床上睡倒,还是醉乡好啊!

"醉乡广大人间小",是说人间太小,容不下他这个人、这颗心;还是说,喝醉了以后,那些凡世的忧苦纷扰都变小了?千年之后,读到少游的这阕词,还是忍不住既怜且喜,想要过去替他盖件衣服,让他在醉乡中睡得更安稳些。"其淡语皆有味,浅语皆有致。"直觉强过逻辑,痛感无视理性,所以淡语浅语,都能动人。

李清照则说:"专主情致,而少故实。譬如贫家美女,虽极妍丽丰逸,而终乏富贵态。"也对,秦少游是不雍容华贵的,贫家美女的丽色天成,因无可傍依,而令人生怜。

苏门四子之一的胖子张耒曾这样评价少游:"世之文章,多出于穷人,故后之为文者,喜为穷人之辞。秦子无忧而为忧者之辞,殆出此耶!"

他的意思是,人穷出好诗,所以很多文人爱哭穷,秦少游又没什么忧心事,老是愁啊苦的,难不成也是这个原因?联想少游在京中向人抱怨只得稀饭吃,这话可就调侃得很了。

张耒是有资格说这种话的,他在苏门四子里年纪最小,遭际却更坎坷,平生没过上几天好日子,大多数时候辛苦潦倒。为替苏轼举哀,惹得朝廷大怒,他被赶到黄州的山上砍柴种地;晚年更家徒四壁，衣食无着。生平挚友，苏轼、苏辙、黄庭坚、秦观、晁补之，相继死在前面，把丧亡的痛苦留给他一人，在寂寞与思忆中死去时，也不过六十一岁。他身后有三子，都在战乱中被兵匪所杀，竟然绝了后。老天待他，才是真的不公。

然而，困守山中时，他也只是淡然说："人生随分足，风云际会，漫付伸舒。"他词风也与秦观近，可就是当不得偶像词人。

像老黄牛般惯于承受苦难，温厚从容着，这也是种人格的美，但创作上，相对会少些尖锐的痛感。他在生活中会被人尊重，却不会如秦少游那般招人爱怜。

秦少游是他们几个好友中最擅长"作"的一个。这种作，就是平时无事忙，穷折腾，干的事叫你好气又好笑；真的大难来临，却是他最先作玉碎了，令你来不及一声惊呼。

少游在贬所，连给自己的挽词都写好了："家乡在万里，妻子天一涯。孤魂不敢归，惴惴犹在兹。"以为回不去了。不料，政局又变，他竟然得到了内徙的命令，于是死在了往回走的路上。当时他正跟人说起梦里所作小词，觉得口渴，要水喝，水送来时，一笑而卒，才五十二岁。

那首传说为梦中所作的绝笔词，叫《好事近·梦中作》：

春路雨添花，花动一山春色。行到小溪深处，有黄鹂千百。

飞云当面化龙蛇，夭矫转空碧。醉卧古藤阴下，了不知南北。

少游平生词中写花朵无数，往往似实而虚："自在飞花轻似梦，无边丝雨细如愁"，百无聊赖的境地里，奇异而纤细的美感；"飞红万点愁如海"，孱弱肉身无法承担的凄厉……

艳遇中翩然来去的女人，也被少游比作各色花朵：梅花、牡丹、碧桃、红杏……他深情地记述她们的美，把她们捧在手心，然后又离开，任那些花儿散落四方。

到生命的尽头，少游的花儿，忽然之间变了，变得有了现实感，还有了生气、野气。好像钻出桃源洞口，豁然开朗，新天新地。

这首词太开朗开阔，太旷达爽脆，太神气流转了，对于惯出衰语的人，真有种圆满解脱感。简直就是上天的召唤。上天说："喂，你尘劫已满，现在就给你解开记忆封印，回来吧！"于是满山春色飞动，那人粲然一笑，归矣。

偶像和他的女粉丝们

两宋烟花事业发达。除了官方许可的官妓、营妓和个体户私娼，更有各位大人当第二事业般培育的家妓团体，一到交际场合，便拿出来互相攀比，说不尽的繁荣。

既然当年宋太祖亲自鼓励过臣下："多置歌儿舞女，日夕饮酒相欢，以终其天年。"大家顺水推舟也是自然。到后来，简直挡也挡不住。仁宗朝，眼看官员们纵情声色，太不成体统了，朝廷曾下令，严禁官吏公然狎妓，违者重处。有些格外端方的人，还是遵守的，但大部分人，将公然改成了悄然而已。

仁宗时期的名臣张咏，是个很擅长自虐且虐人的，曾经因为下属某天偷了一文钱，便以千日千钱、水滴石穿的理由，将人家处决了，自诩为"乖则违众，崖不利物，乖崖之名，聊以表德"，人称张乖崖。乖崖先生到蜀中赴任，又不能带家属，又要坚决不近女色，终于有天晚上撑不住了，想起白天所见的一位姑娘，跳起来在屋里转圈，边转边痛骂自己："小人，小人！"转到天亮，顶着熊猫眼，他立刻下令，亲自出钱，给那位姑娘招亲，赶紧把她嫁出去以绝念想。

张乖崖这种人，跟胖子张未一样，做不了偶像派。大概也没什么女人喜欢他。比起官人来，青楼姑娘们更喜欢与词人来往。首先，二者有事务上的合作关系。词，最初就是写给歌伎们唱的。作为古代最庞大的职业女性团体，青楼姑娘们也需要做品牌、做宣传的。如果能够跟著名词人好上，或者请他为自己写点诗词，赞美一番，她们顿时会身价飞攀。

其次，词人多半性情真率，不会为了名节问题，做真真假假的道学先生。在男女错杂的宴席上板着脸，使举座不欢的事，他们不会干。

最后，词人相对多情、温柔、细腻，正合女人脾气。如果他再有地位、有身份，生得英俊高大……咦，这不就是秦少游吗？

秦少游是一代青楼女子心中的偶像。

前面说过，秦少游天生是一个深谙感情之迷醉和痛的人。即使是才子佳人的逢场作戏，他的即兴之作，也具备让人心动神驰的魔力。

这是他客居会稽，因酒宴上一位心仪女子而写下的《满庭芳》：

山抹微云，天连衰草，画角声断谯门。暂停征棹，聊共引离尊。多少蓬莱旧事，空回首、烟霭纷纷。斜阳外，寒鸦万点，流水绕孤村。

销魂，当此际，香囊暗解，罗带轻分。谩赢得，青楼薄幸名存。此去何时见也？襟袖上、空惹啼痕。伤情处，高城望断，灯火已黄昏。"

此词为苏东坡激赏，干脆直呼秦观为"山抹微云君"，因为起句实在美妙精巧。一"抹"一"连"，如画坛国手漫不经心而又力贯千钧的笔，便铺开了整幅画卷的江山万里。落日下异乡的苍茫，千古以来，这片土地上所有孤独旅人的漂泊。前尘往事，尽在衰草寒鸦，草木山川本无情，可此刻，却各各一往情深，飘摇无主。

为什么，要写爱慕的女子，却把这萧飒秋色里的身世之感，先来铺陈一遍？

因为，当一个男人，遇到一个女人，爱上她时，他会自然而然地，把自己的人生跟她联系起来，把她揽进自己的生命历程里。从此，有了对平生的重新打量，或者为她进取，或者因她而踌躇，而神伤，就像秦观现在这个样子。

相爱之人的夜晚，是非常甜美的，甜美得催人落泪，看见了这浮世之欢骨子里的虚无。人在紧紧拥抱的时候，用肉身揽住了流逝的时间，挡住了尘俗纷扰，变得充实又轻盈，像可以飞翔，又像可以永远留在此刻。

可惜，这是暂时的。人终归很难逃离，即使是两个人手挽着手。两个人的无奈和无力感，比一个人的孤独更难以言说。

黯然销魂。他终于不能带她走，此后也不知何时才能再见。旅途中的一次艳遇，变成了今后旅程中的一道暗伤。伤已经够多了，谁来到世上走啊走，走了这么多年，不在心里积累些伤痕呢？人生就是这样吧，忍无可忍，还是要忍，无法面对，终要面对。这个男人自嘲又有些自弃地笑了。

"谩赢得，青楼薄幸名存。"就这寥寥数字，就当我是这样的人，把一切吞进肚里。转身而去，连同徒然留在衣袖上的泪痕一起，走远，再走远，还能怎么样呢？后面，是暗夜里一个人的痛哭也好，是独望满城灯火黄昏，被回忆打败也好，从此是我一个人的事了。

又有一次，京城有贵人请客，贵人为了表达诚意，让宠姬碧桃出来劝酒。美色当前，碧桃又敬业敬岗，几轮下来，把大家劝得晕乎乎。少游促狭心起，反去劝碧桃。贵人赶紧回护："她向来不擅饮酒。"不料碧桃并不领情，说道："今日为学士拼了一醉。"遂取席上最大杯，斟满酒，一饮而尽。作为回报，少游亦赠《虞美人》一阕。

碧桃天上栽和露，不是凡花数。乱山深处水萦回，可惜一枝如画为谁开？

轻寒细雨情何限，不道春难管，为君沉醉又何妨，只怕酒醒时候断人肠。

满座捶胸顿足，叹息四起。第一，为一桩好风流，又被秦七占了去；第二，自是此词之妙，令人心醉。

碧桃这种身份，说是贵人宠姬，自己心底也清楚，不过是命运随人的玩偶，华贵衣饰下藏着伤痛和自卑。她知道，这些男人的笑容和赞美里，往往藏着觊觎与轻蔑。可是秦少游说她应是天上的碧桃花、远离凡尘的仙姝，把她看得清贵无比。明明她是有主的，少游却非要问："一枝如画为谁开？"根本没把坐在旁边的正主儿放在眼里。同时，他更是不着痕迹地用一句挑逗，撩动那颗寂寞的心，好像早早知道她，并不快乐。

"为君沉醉又何妨，只怕酒醒时候断人肠。"这是在说她，也是在说自己。我多想为你沉醉，为你痴狂，可是这之后呢？会是怎样的断肠时分？与其说是对爱情没信心，不如说是在这炽烈的爱意面前，自己都感到了惊惧：爱情，多么摧枯拉朽的力量！

然而，当如此纠结的时候，这个人难道不是已经醉了吗？短短一阕小词中，便具备了惊艳、慕恋、同情、痴缠、抗拒、矛盾、悲伤……所有爱情的要素。仿佛几分钟之内，他和她，便在这宴席之中，众目之下，谈了一场沉默而盛大的恋爱。

"今日为学士拼了一醉。"这一拼，让宴席的主人也不开心了，只得勉强笑道："唉，从今以后，不让这丫头出来见客了。"

而另一位请少游来家做客的先生更郁闷。侍酒众姬中，有一位擅弹箜篌的。箜篌之技，到北宋时已近于失传。秦少游也没听过，便借箜篌过来细看。过了一会儿，主人上厕所去了。偏巧起了阵大风，烛火为风所灭。黑暗之中，箜篌姑娘纵身而上，精准无比地抱住秦少游，仓促之间，也不知做了些什么勾当，只听姑娘在少游耳边低语道："今日为学士瘦了一半。"秦少游后来有《御街行》，据说专为记录此事。

少游一辈子爱过太多女人，也被太多女人爱过。他为她们写过很多诗词。读着他的词，却无法产生对花花公子的厌恶，因为他写出了我们在爱情面前最终的迷茫和寂寞。

有一位长沙歌伎，平生最爱少游的词，顺带连少游本人一起爱上了。当时长沙还算"蛮夷之地"，她虽长得美，唱得好，在当地很有名气，却从没想过，有一天会真的见到偶像。

她就这样默默地不抱一丝希望地热恋着。在迎来送往的微笑中，没人知道她内心的秘密。不料这一年，被贬谪的秦少游，一路往南，中途经过长沙，有人就推荐说本地有个很不错的青楼女子呢！于是，他来到了她的闺阁。

发现这小女子如此热爱秦少游的诗词，他便逗她："你要是亲眼见到秦学士，肯定不喜欢了。"她正色说："如能有幸做他的妾侍，死也无憾。"然后，偶像自揭身份，粉丝惊喜万分。她的追星，并不是叶公好龙，因为秦观这时候已是知天命之年了，绝非从前的翩翩佳公子。一夜过后，秦观还是得走，他还得赶着去贬居地报到呢！当然没有带上她，也不留后约将人误。

事情本该到此结束了。留下这一点回忆，在今后的日子里，已足够她慢慢咂摸，直到老去，在晚年，在满架的蔷薇花下，对着儿孙，说起前朝的秦少游，那个光芒在时间里越发明亮的人："他啊……"微笑不语。这样就很好。

然而，她不。她坚定地、一厢情愿地将自己的后半生交付给这半老的落魄词人，从此闭门谢客，只等他再次经过。她没有等到，几年后，秦少游才得到复官回京的通知，从雷州出发，走到广西藤县，就一病不起。她在梦里看到他来告别。她得到他的死讯，披着孝服，连夜出发，赶了几百里路，终于来到了他的棺材前，抚棺三周，举声一恸而死。

这个故事，为秦少游一生的罗曼史画上了凄美句点。人人都爱秦少游，最爱少游的，居然是这些身份卑微、只在少游生命中惊鸿一现的女人。这样的爱里，有的不仅是男女之情，也不仅是粉丝对偶像的崇拜，更多的，还是她们对这样一位多愁的天才词人发自内心的敬与怜。说到底，是那一首首美妙的词作，词中述说的关于生命的寂寞，关于爱情的销魂，经由她们的歌喉唱出，在她们的心灵中起了纤细而震颤的共鸣。

公子和他的薄情女郎们

送我水果，还你美玉

初夏的下午，平原广阔，林中的果实已经熟了，采桑和收麦的人还没有回来。阡陌交通，鸡犬都悠闲。在某处院墙的下面——

"喏，把这个送给你。"一个小孩有点害羞，手里一捧果子。

"好，你等着。"另一个小孩，飞快地跑回家，翻箱倒柜，又奔出来。"这个也送给你。"手掌摊开，赫然一块美玉。"不是回报哦，是我们要永远好下去！这就是大人互相送东西的意思吧？"

"嗯，永远的！"两双小手紧紧拉住，眼里满满的欢喜。

"投我以木桃，报之以琼瑶。匪报也，永以为好也！"《诗经·卫风·木瓜》这一篇，以前我理所当然地认为是表达爱情,后来觉得说成友情、邦交之类,亦无不可。人对于诗歌,会随着年龄、心境、经历,而在不同时期有不同理解。比如现在,我愿意把这首诗中的主人公,想成两个不谙世事的小孩,面对着面,在认认真真地许下他们人生里第一个心愿,根本就意识不到信物的贵贱不等。

大人一般很难"匪报也",本来嘛,辛辛苦苦为一大家子生计奔波,累得像狗一样喘,也没多少收获……还要我"匪报",说实话,你是来打劫的吧?

大人们对"永以为好"也不感兴趣,早知道故人心易变,瞬间给你看沧海桑田。只有孩子,他们还没来得及被金钱、权势、地位等概念侵入的心,才会天真地相信这世界上两个人可以永远永远好下去,不会被打断,不会被干扰,誓言不会在时间里褪色。

一天天的忙碌算计中,人被催老了,被催得现实而古板,什么都不再相信。至少,不相信的好处是,你也不容易失望。

如果有人终其一生,都在相信情感的洁净美好,不计得失,不管被辜负多少次都无怨无尤,最多惆怅地叹息一声,替对方想出百种理由开解,为对方转身而去的背影悄悄送上祝福——而且他还很聪明,不是弱智儿。这会是什么样的一个人呢?真有这种人存在吗?

我确定地知道，曾经有一个。他的名字叫晏几道，字叔原，号小山，名相晏殊的小儿子，人称小晏、晏七公子。

关于他，黄庭坚总结得最干脆："痴儿。"这是黄庭坚作为晏几道平生寥寥几个朋友之一，对他又爱又怜的评价。

《红楼梦》里，宝二爷也获得过这样的评价。晏几道和宝玉一样，在绮罗脂粉堆中长大，锦衣玉食，每天"无事忙"，填填词、作作赋，生活优裕而简单。白玉为堂金作马，到头来终要落个白茫茫大地真干净。俗话说富贵难过三代，小晏也没逃过这个规律，十八岁时，父亲去世，家道中落。

按理说，晏殊在世之日，提携后进，门生众多，人缘很好，到小晏成人时，满朝政要，多是老爸的门生故旧。兄长都在仕途，他还有两个地位显赫的姐夫，其中一位是宰相。他想要谋个好点的前程，拉下脸来，随便走走门路，应该不成问题。可是小晏不干。

蔡京权倾天下，又是有名的小心眼，爱报复。过冬至，蔡京想抬些人气，锦上添花，来向他求词作。他倒是写了，拿过去一看，半个字也不跟蔡京有关系。苏轼刚当上翰林学士，慕他才艺，托黄庭坚引见，他说："今日政事堂中半吾家旧客，亦未暇见也。"让苏轼吃闭门羹，也就他能做得出来。他讨厌的倒并非苏轼本人，是因为苏轼当时正走红，勉强可跻身权贵行列。

这可以说是公子哥儿脾气，不过，把脾气保持到老，多困顿也坚决不改，脾气就成了骨气。

何况，他有那么一位杰出的父亲：晏殊，十四岁以神童入试，赐同进士出身，以后逐步升迁，集贤殿学士，礼部、刑部、兵部尚书，观文殿大学士……封临淄公，位极人臣。范仲淹、欧阳修、韩琦等人俱为其门生。府上四时宾朋满座，来往皆一时俊彦。在词坛也是大家。小晏，这晏家最小的儿子，是诸子中最有才华的，受尽宠爱，时不时要被得意的父亲拿出来显摆，大人们的聚会，也会让小家伙出来作词一首，然后满座掌声和惊叹。

他习惯了，可心底也未必不对这样一个父亲，藏着点阴影。儿子总想要超越父亲，越是天资过人，最有父亲当年风采的孩子，超越的心也就越重，断不肯依靠父荫，一辈子让人说：他啊，还不是因为有个好父亲。

但政坛上风和日丽的短暂好时光已经过去了，新旧两党之争，一直纠缠到北宋灭亡，大家一拍两散，谁也捞不着好处。小晏那么清高，不屑拉帮结派，老老实实做些无足轻重的小官，也被卷进"郑侠《流民图》案"，入了大狱，差点把命送掉。他出来以后，生活一落千丈，家财耗尽，就一堆堆的书，家搬到哪里都舍不得丢。气得老婆骂他："真是叫花子天天搬弄讨饭碗——穷折腾！"

小晏也不是天性就如此冷淡、超然。和所有人一样，在最初，年轻的他对未来满怀展望的时候，也曾努力过。他只是比起寻常人来，功名心比较脆弱，禁不得打击。

我们可以拎着礼物一再地去求人，站在别人大门口浑身冒细汗，鼓起勇气敲门；搜肠刮肚说着奉承的话，说得舌头打结；冲着上司喜笑颜开，被无视后继续对着空气挥手，装成在晨练……我们脸皮厚，志气坚，屡挫屡战。但小晏，他没学会这些呢！他缺少常人的皮实精神，实在不知道如何把受到暗伤的心藏起来，继续去争取一个结果。寻常人都知道，在社会上求人办事情，脸皮薄，哪里行的呀？小晏呢，他本来就勉为其难，别人稍一婉拒，就自动默默地走开了。

我不要眼前的苟且

用南宋藏书家陈振孙点评《小山集》的话来说："其为人虽纵驰不羁，而不求苟进，尚气磊落，未可贬也。"我们，为了生活而"苟进"；小山，则为了尊严而"尚气"。到底谁更艰难些？

年轻时，他凭自己努力，无果。经历一场牢狱之灾后，生计

更艰难了,家人的抱怨也更多。正百无聊赖,皇帝召他作词。他去了,写了《鹧鸪天》:

碧藕花开水殿凉。万年枝外转红阳。升平歌管随天仗,祥瑞封章满御床。

金掌露,玉炉香。岁华方共圣恩长。皇州又奏圜扉静,十样宫眉捧寿觞。

受到皇上激赏,可见其应景文章也能写得很轻松拿手。于是皇上给了个小官——颍昌府许田镇监。此时颍昌府帅正是他父亲的门生韩维。他被这来得很晚的际遇所鼓励,竟然以微官身份,跑去向府帅呈词,想请他提携自己。一来是想到旧谊,二来也自忖才华还是可供世用。

词为《浣溪沙》:

铜虎分符领外台。五云深处彩旌来。春随红旆过长淮。

千里袴襦添旧暖,万家桃李间新栽。使星回首是三台。

这个马屁拍得不可谓不响。真不知当时小晏用什么样的心情去写的。或许,是在久历沉沦之际,以为人生就这样了,平静的心不会再有浪潮,忽然之间,天降福音,像一道迷人的光束,在前方晃动,又像一个诚恳关心的声音:"来吧来吧,你行的,是你该得的。"他就去了,把种种习惯性失意,忘得一干二净,觉得前途一片光明,还忍不住高高兴兴地唱起歌来——写了好几首抒发雄心的词。

这件事的结果是,府帅韩维回信道:"得新词盈卷,盖才有余而德不足者。愿郎君捐有余之才,补不足之德,不胜门下老吏之望云。"

原来晏几道这呆子,把平时谈情说爱的词作也一并视若珍宝地送去了。其实不送也一样,他的词作早已传遍天下。连道学先生程颐都知道,还半反感半赞赏地说:"鬼语啊!"意思是轻灵得不像人写的。韩维却是直截了当,说郎君你才有余而德不足,该好好提高做人的修养了,别让我这晏相门下的老吏失望。这话说得冠冕堂皇,让人一点反驳的余地都没有。如果是我这种不惮以恶意揣测他人的人,肯定要一阵阵人走茶凉的寒心。但是小晏,就未必。

小晏是人家给他泼一头冷水,他就呆立一下,怔怔地想:"怎么这样呢,的确是我不行,果然不适合做那种事吧?算了,回家吧！"那小小的布满书香、有亲人围绕的家，温柔地从后面围拢过来，让他迫不及待，要赶回家去。家，充满温暖和回忆的家，一旦步入，心就会平静。

他回去，安分地做着小小官儿，像敬业的白领；继续他"才有余而德不足"的诗酒生涯，像浪子；除少数几个朋友外，门再不为他人打开，像隐士；脾气更加拗直，更不理人情世故，又像个狂生。

只有他的朋友们确知，他就是个简单的人。太过简单了，于是不合时宜。还是黄庭坚说："磊隗权奇，疏于顾忌……诸公虽称爱之，而又以小谨望之，遂陆沉于下位。"所以，韩维的想法可以理解。而小晏那一群显贵的亲戚，爱他的兄姐，竟然都不能对他施以援手，实在是担心他到了人人谨小慎微、八面玲珑的官场上，直来直去，又不带眼识人，把谁的话都当真，不知什么时候就得罪人、站错队，惹下大祸，连引荐他的人一起倒霉。

每个人都说他不适合做官，他是真的不适合。终其一生，他只能以一种形象面对尘世：落魄贵公子。

天真，从可耻到可爱

为什么同是词界妙手的这对父子，也都诗酒趁年华，谈谈情，唱唱歌，晏殊写的词，就是风流蕴藉、雍容大方，晏几道写的词，却成了素无拘检、放荡无行呢？

试看一首《鹧鸪天》：

小令尊前见玉箫。银灯一曲太妖娆。歌中醉倒谁能恨，唱罢归来酒未消。

春悄悄，夜迢迢。碧云天共楚宫遥。梦魂惯得无拘检，又踏杨花过谢桥。

就是这首词，后两句被程颐惊叹"鬼语"，其语得来轻妙，了无痕迹，如有神鬼相助。而这个正在逐爱的男人，他的情感无拘无检，肆意流淌，像满天满地月光组成的河流，全泻向那个女孩的所在。看，仅仅一次邂逅，他就醉了，晕了，魂飞天外了。眼看一场浩大的爱情即将上演——且慢，那个女孩是不是也喜欢他，还是个未知数呢！

"小令尊前见玉箫。银灯一曲太妖娆。"她的身份是侑酒歌女，玉箫是代称。传说中的"玉箫"，曾经和爱人生生死死两世情,是"言情剧著名女主角"。小晏这里,不过初见的惊艳,看她在灯光下的妖娆,截住她闪来的一个眼波,便立刻对号入座,把自己和她假想成命中注定的一对,自说自话,积极地醉倒了。她的歌声渗着酒意,直把他晃晃悠悠送回家,送进梦乡,又忽然地醒过来。

别人的酒醒,多是一场惆怅,回想起来失笑,叹息。小晏呢,醒了的时候,比醉时更认真了。

春夜如此清朗,又寂静,真是美好。其实每个春夜并无不同,但今天晚上格外光亮些,因为在夜晚的某处,有一个她。她睡在那里,压根儿不知道自身的存在是多么神奇。她不知道自己就是那夜色中光的源头,在吸引着他,梦魂穿越一切时空的阻碍,去寻向她的方向。

"梦魂惯得无拘检,又踏杨花过谢桥。"学倩女离魂就算了,还是惯犯,视礼教约束如无物,"又"跑去了!以前也经常这样干吧?能不能自重一点啊!

肩负教导之职的长辈,几乎要痛心疾首了。在小晏的这阕小词里,他的不自重有两层:一是掉进爱情太快,想都不想就一厢情愿;二是高调地寻花问柳,不以为耻,反以为荣。说实话,这世上真肯约束自己的人不多,但谁也不理直气壮地嚷嚷吧!王小波说,文化有两种内容,一种是写出来的书本知识,一种是暧昧的共识。大家都含糊地笑笑，心照不宣，谁要一嗓子喊破，就会变成没文化的野人。在宋代，暧昧的共识是：士大夫可以尽享酒色，但你不要一副热衷的样子，嚷嚷开来。你嚷了，就是揭破了共识，让大伙儿难堪，所以大家也只好让你难过了。

他父亲就不一样，也写恋情，如《踏莎行》：

> 小径红稀，芳郊绿遍。高台树色阴阴见。春风不解禁杨花，蒙蒙乱扑行人面。
>
> 翠叶藏莺，朱帘隔燕。炉香静逐游丝转。一场愁梦酒醒时，斜阳却照深深院。

通篇下来，只看见他细细地写景。暮春时节，花谢了，绿意盎然，浓到了极处，便在丰茂里带出莫名的忧郁。纷纷扰扰的杨花，惹得行人心中千头万绪。春愁深深的背景里，有一个人，听着鸟语，在炉烟袅绕中落寞地睡去。他也喝酒，他也醒，醒来独对满院斜晖，那想要借酒消去的愁苦，反而更深了。哪有一语涉情？可读到最后，你自然而然知道，那个人是在相思啊！缠缠绵绵，清婉隽秀，正所谓"闲雅有情思"。这爱意，是有节制、有缓冲的。他痛苦，但不会要死要活；他想念，但不会放下一切，不管不顾去找她。他知道，人生有多少渴望，就需要几多隐忍、

公子和他的薄情女郎们

几多自我宽解。

这才是我们传统文化所推崇的"哀而不怨,乐而不淫"。而小晏是什么?是向来痴,从此醉,但痴和醉,终是过分的、破坏力强大的。

"哀而不怨,乐而不淫",傅雷曾就这八个字下过定义:"健康,自然,活泼,安闲,恬静,清明,典雅,中庸,条理,秩序。"而王国维也说过:"词之雅郑,在神不在貌。"写恋情没有关系,关键是你对恋情的态度。晏殊之词和晏几道之词的精神差别,就在这里。小晏缺少的,正是儒家传统中最重视的中庸、条理、秩序。

再来看小晏的这阕《木兰花》:

初心已恨花期晚。别后相思长在眼。兰衾犹有旧时香,每到梦回珠泪满。

多应不信人肠断。几夜夜寒谁共暖。欲将恩爱结来生,只恐来生缘又短。

颠颠倒倒,唠唠叨叨,抱着人家离去后的被子,拼命闻着残余的香气,哭得肝肠寸断。整天这副情圣的样子,谁敢把正经事交给你做?他还不悔悟,像个刚涉爱河的少年,抱怨着晚上缺了一个人，好冷啊好冷啊，像寒号鸟一样叫个不停，真是让人哭笑不得。最后，他发狠赌咒了：今生缘分不够，就结到来生吧，不，来生也还不够，生生世世，都和你在一起，有多好？

如果你是长辈，家里有个孩子，这么天天沉溺在失恋中，丢了魂似的，你生不生气？你觉得他有没有出息？

在中国的传统环境里，人，尤其男人，首先是社会的人、理性的人、道德的人；德行，从来不是心性的天然产物，它要约束个人飞扬的心性，才能借以成立。

合乎德行，不仅要合乎大家共知的行为规范，也要合乎一些暧昧含糊的共识。小晏这个头脑简单的家伙，跟他说规范，他还理解；说暧昧的共识，他就手忙脚乱，莽莽撞撞，惹出许多啼笑皆非的事，甚或要被别人怒目而视了。

比如说感情，爱与被爱怎么均衡，付出与得到之间的关系，他就基本没概念。爱情、友情、人际关系，默认的法则是：我送你什么，你应以相应规格回赠。送少了，是无礼，是亏欠；送多了，是傻瓜，是别有企图，是不敢承受。

不幸的是，小晏就是那个千年前中原大地上，拿着美玉回报水果的孩子。他心里从来没有过一杆秤，他就是那么兴兴头头，不假思索地跑出去，摊开手："喏，这个送给你。我们永远地要好吧！"

他可以不问高低贵贱，不管体面，不怕被辜负，去信任每一个他遇到的人，为每一段感情全心全意付出。作为成年人，这种孩子式的天真，用亦舒的话来说，简直可耻，"天真得可耻"。亦舒笔下，那个从贫贱寒微一步步爬到上流社会、戴上了鸽蛋大钻戒的喜宝，冷眼看富家千金的不识人情险恶，一派憨厚善良，不由得从唇角飘出这一句来。可是，她同时又是暗自羡慕的。她知道，这可耻的天真带来的安宁快乐，她今生是无法拥有了。

穷人家子女，从小经历坎坷冷眼，对人世风刀霜剑有深刻体会，一路走来，心肠且不论，自然多了心眼；真正天真烂漫、对人不设防的，倒多半是那些衔着金钥匙出生的人。

问题是，金钥匙丢了以后怎么办？贾宝玉心灰意懒，看破红尘，踏着茫茫白雪出家去了。白先勇《谪仙记》里，明朗如月的贵族少女，蹈海而亡。而小晏，带着他从来没有泯灭的"天真"，走上了另一条路。在现实的大观园消失后，他把自己的心，变成了另一座向万丈红尘、人情世故、清规戒律关上大门的花园。

那些花儿，散落在天涯

和他共在这花园里的，是他曾经遇见、爱过又别离的女孩们。小晏的词集中，倒有大半是在写和她们的时光，写她们的颦笑，漫长岁月里绵延的追忆。那些女孩，都不是什么高贵的淑女，只是身份低下，被贩来卖去的婢女与歌伎。莲、鸿、蘋、云……这些就是她们的名字，微不足道，却被小晏郑重记下来，放到诗歌里，一直到后世，都要让人们知道她们的美、她们的好。他做到了，可他的心里还是充满悲伤与歉意。

他们有过好时光呢，在彼此都很年轻的时候。小晏当时是正宗的贵公子，家境犹好，青春活泼的心性，正该痛饮生命的美酒。携着手，嬉戏着，以为可以一直这样下去。

沈廉叔、陈君龙、晏几道三个好朋友，总要在一起，每得新词，便交给身边的歌儿舞女去表演。一曲新词酒一杯，本也是宋代人的传统娱乐。莲、鸿、蘋、云，就是其中最出色或者与小晏关系最亲近的几位。

小晏公子，在家里，就是由侍儿丫头们陪伴长大的，厮混在一起，没个尊卑。女孩子们也喜欢他。可到最后，并没有谁留在他身边。原因，他在《小山词自序》中道："已而君龙疾废卧家，廉叔下世，昔之狂篇醉句，遂与两家歌儿酒使，俱流转于人间。"

布拉德·皮特主演的电影《沉睡者》,是一部关于友情、成长和残酷青春的影片。一次意外,四个小伙伴从此走上完全不同的人生道路。片尾的旁白:"当时看见前路闪闪生辉,我们还以为会永远携手同行。那昏暗的路灯下,长长的巷道中,四个少年的快乐已不复存在。"这两句话,似乎也可以送给小晏的年轻时代。

那时候,小晏正和朋友家叫小蘋的歌女恋爱,他为什么没有及时把她接回自己家,而任她流落无踪?我猜主要原因是,毕竟是相府人家,公子哥儿在外面游玩可以,把闲花野草弄回家来,就很难被允许了。到后来,小晏境遇每况愈下,加上那些上门要资助的、哭穷骗钱的人不懈努力,慢慢地,连家人温饱有时都成问题,就更难照料到情人吧?

不过我还推测,当时的小晏,看见意中人就颠三倒四去追求,出一趟远门,就恨不得跟每个人都说上一遍:"哇,真个别离难,不似相逢好。"这么个傻呵呵不识人间疾苦的公子,他眼里,岂会看见潜伏在未来深处的风霜险恶?"满目山河空念远,落花风雨更伤春,不如怜取眼前人"——人世间的苍凉与珍惜,他的父亲晏殊早就叹息过。这时候的小晏,还远远没有觉悟。他也像宝玉那样,还以为姐姐妹妹会永远相伴,忽然见到二姐姐出嫁，惊到灰心。

当日相对那么好，好时光匆匆过去，还没来得及反应，就只有离歌可唱，那些花儿，散落在天涯。

临江仙

梦后楼台高锁，酒醒帘幕低垂。去年春恨却来时。落花人独立，微雨燕双飞。

记得小蘋初见，两重心字罗衣。琵琶弦上说相思。当时明月在，曾照彩云归。

小晏词集里，多处提到小蘋，他一生中最怀念的那女孩。名字，对于相爱的人来说，多么重要。在一起的时候，要欢欢喜喜地用这个名字，面对面地喊她；分开的时候，那曾经不绝于口的名字，就成了一个咒，时时地冲破紧闭的嘴唇，向空中飞去，每一声，化作一只扰乱心神的蝶，生生不绝，把情人的天空变得绚丽迷乱。

你爱一个人，平等地尊重地去爱，必会万分珍惜对方的名字。小晏，是宋词里最坦然、最热情地把爱人名字镶在字里行间的词人。每读一次，就是呼唤一次，呼唤得久了，连世界也跟着发喊起来。

这时候的小蘋,大概已经不知行踪了,至少,也远在小晏不能到的地方。他剩下的只有怀念。从今年的梦醒,想到去年的落花,年年春恨都是为了她。不敢算,一算的话,离初见的日子真是很久了呢!记得那年刚见面的时候……

这个人已经沉入回忆中去了,我们不要打扰他。说回来,从词中可以看出的信息:小蘋会弹琵琶,而且,初见已在弦上说相思,又穿着那么具有暗示性的、绣两重心字的时装,他俩,很明显是一见钟情,心心相印。我们就可以知道,这失去和怀念,对于小晏,有多沉重,情感有多浓烈。

小晏,已经不是情窦初开、一次离别就咋呼的少年了。经过了这么多,人也变了。他只温婉地,用淡雅的笔触,轻轻地写,把相思写出一种超凡脱俗来。像用水彩绘成的画,画里的人,似远又近,明明连衣上的针脚都看得清楚,一眨眼,她的脸就模糊了。她的身影,在不知从何处吹来的风里,化作彩云。

他伸出手,挽住的只是虚空。挽留不住的岁月,挽留不住的人,在这时空转换与闪回分镜中,迷离而悲伤的美,就烙在了读者心里。小晏的词,有论者认为,意境要比他父亲浅薄和狭窄。甚至有人说:晏殊是牡丹,而小晏只算一株文杏。

不错,大晏的词,雍容富丽、风流蕴藉,虽是闲语,自有宽阔深远意境在,可以发人以哲思。这一点小晏比不上。可小晏也是不可学的。王灼就说他："如金陵王谢子弟，秀气胜韵，得之天然。"大晏写词，用的是才学、智慧、人生的经验，所以从容而深远。而小晏作词纯出性情。他的可贵在于，他用笔写的就是他自己，一个完完全全呈现在人们眼前的他。没有顾虑，没有遮挡，哪怕伤痛到无言，放肆到人人侧目。

他得乐园，失乐园

鹧鸪天

彩袖殷勤捧玉钟，当年拚却醉颜红。舞低杨柳楼心月，歌尽桃花扇底风。

从别后，忆相逢，几回魂梦与君同。今宵剩把银釭照，犹恐相逢是梦中。

又是一个活生生的小晏，就这么喜滋滋地跳到人们面前。你简直听得见他的心在热烈地跳动，看得到他灵魂的色彩。"彩袖殷勤捧玉钟，当年拚却醉颜红。"道学家和关心他的父执辈，又要皱眉头了。"三岁看小，七岁看老"，这家伙果然无可救药。一个"拚"字，立刻暴露了他任意妄为的马脚。为君一醉的拚却，在女人眼里，或许够痴够真。不过，但凡女人叫好的，在男人主宰的世界里，必然会成为非主流，被侧目与窃笑，甚至被视为洪水猛兽。对象又是个身份低下的歌女，真是双重不像话。

话说回来，接吻时，谁希望脑海中浮现贾政老爹的那张脸啊！小晏不理他，我们也不理。

因为很难与情人相见，他的词里，特别频繁地写到梦境。远离的人，可以在梦里相见。习惯了做梦，这一回真的见到了，他拼命地揉眼睛，掐自己，竟不敢相信了。情急中拿起灯台就照到人家脸上：是你吗？真的是你？

掐完自己，可能还会把情人掐上几把，以验证自己的判断。可爱的孩子，有多少世人前的疏狂，就有多少恋人前的痴缠。

所以我说小晏是情圣。情之所以为圣，不是因为会玩心眼，会甜言蜜语，或有钱有闲情，而是因为在恋爱中，他真实不欺，天真坦然。他的生命里，"真情"二字，凌驾于追逐名与利的尘嚣之上。

大家都知道，以小晏的境况，想留住身边爱人不大可能。漂泊的女孩们，也有自己的终身要解决，谋生远比谋爱要重要——纵使她也曾经温柔地许下诺言："永以为好。"

而另一种情况是，在恋爱中，不论男女，一方太过痴情，太过诚挚，把心热烘烘地捧出来，让对方知道他的忠诚与爱毫无悬念，反而会让对方感到索然无味。爱情，要争斗，要试探、猜测、纠缠反复，才够美味。久别胜新婚，吵架过后的拥抱更甜蜜。情场上，反复无常，会欲擒故纵的"作"男"作"女们，通常更让人神魂颠倒……可小晏，爱就直直地爱了，认为一点作戏都是于对方的不敬。他就算被抛弃了，也不会反目生恨。

无论现实原因，还是情感原因，小晏被人冷清清地抛闪，可不是一回两回了。

鹧鸪天

醉拍春衫惜旧香。天将离恨恼疏狂。年年陌上生秋草，日日楼中到夕阳。

云渺渺，水茫茫。行人归路许多长。相思本是无凭语，莫向花笺费泪行。

忍不住又要把他父亲拿来对比了。小晏和大晏，词艺上共承一脉，俱擅小令，都直追花间派而有过之。大晏有一首《采桑子》：

时光只解催人老，不信多情，长恨离亭，泪滴春衫酒易醒。

梧桐昨夜西风急，淡月胧明，好梦频惊，何处高楼雁一声？

为父亲的人，既早慧，又早熟。这慧和熟，是世事洞明皆学问，人情冷暖俱文章，是生活的智者。对于世事有圆融的观照，不会难为自己，也不会难为他人。他清清楚楚知道这时光的冷漠，不为多情的人稍作停留。时间会带走当下属于我们的一切，当然也包括我们紧紧握在掌中的那另一双手。城外的长亭短亭，早就见惯了无数离别的人，泪水迟早会将我们的好梦惊醒。

大晏的春衫，被泪水与寒露浸湿，换来的是一声叹息，人生的无常感，如坐禅人顿悟诸色皆空。小晏呢，"醉拍春衫惜旧香"，一个"惜"字，照见了他对时光的态度，既痛楚，又无限珍惜，宁愿沉浸其中，只为那旧日美好，不尤悔，不肯醒。可以说，他的后半生，就是对前半生的追忆、再加工与升华。别人都将丧失归因于岁月无情。他呢，却替残忍的老天着想起来：怪我自己的疏狂，老天才给我这么多离恨吧？

他真憨厚啊！憨厚的人，眼看着昔日爱人、友人，渐行渐远渐无书，也只是呆望着远水遥山，转过身，把案头堆积的信纸揉碎："相思本是无凭语，莫向花笺费泪行。"这里有小小的赌气，更多的是对远行之人的体谅——云水渺茫，道路阻且长，比起这楼中独守的自己，他们的行程更艰难吧？我也该理解一点，就不要再用这无凭的相思，去给他们添乱了。

前半生的诗书歌酒、红颜相伴，后半生的落拓潦倒、风流云散，词中深深的身世感，正如秋草夕阳。肃杀的秋风里，这个独自守望着，忽而喃喃自语，忽而奋笔疾书，又忽而跺脚长叹的晏小山，他不会知道，他自己，就是秋天里那执拗的一缕暖意，暖在后代读者的心里。

还有更倒霉的时候，确确实实碰上薄情人，薄情得旁观者都不好意思替她辩护了。比如《清平乐》：

留人不住，醉解兰舟去。一棹碧涛春水路，过尽晓莺啼处。

渡头杨柳青青，枝枝叶叶离情。此后锦书休寄，画楼云雨无凭。

人家喝得醉醺醺地走了，压根儿不理睬他的挽留，一棹如箭，在烟波中头也不回。只剩下他在那里伸着脖子呆望，望到再无可望，低着头慢慢踏回家去。

再好脾气的人，到此际也要爆发一下了。小晏就发誓了：

哼，以后再也不给你写信了，你们这些人啊，就是无情无义的！

我不禁要窃笑了，真的吗，小晏？我可是知道，爱之深，才恨之切呢！你要真的不再想她、念她，要把她的一切从心里统统赶出去，那干吗揪住渡头的柳叶，觉得它们的枝枝叶叶，都在替你诉说"离情"呢？

深情的人不会真的懂得忘却与决绝，即使他的深情总被伤害。

欲把相思说似谁，浅情人不知。

——《长相思》

旧香残粉似当初，人情恨不如。一春犹有数行书，秋来书更疏。

——《阮郎归》

浅情终似，行云无定，犹到梦魂中。

——《少年游》

这样的句子，在晏几道的词集里可真不少。作为一个痴情公子，他真是够倒霉的。不知道把他抛闪的女孩是谁，也许是一个特别狠心的人，也许各有其人，把和他的相遇，只当作生涯中一次不可停留的艳遇。

小晏的恋爱对象，多是歌女舞伎。她们在城镇中停留，在江湖中漂泊，为着一个理想的终身有靠，不断地寻找，也不断地割舍，很难真正安心地靠岸。小晏大概就是被她们寻找过，又果断割舍掉的人之一。

她们薄情，她们也有自己的理想与苦衷。小晏其实是知道这一点的，他的天性就是替别人着想。所以他一再被辜负，一再原谅。

这个世界，本来就很薄情。每个人都在冷冷暖暖中挣扎，靠近了，又离开。小晏就是那个冬夜里，大雪中，用一间小屋，守着个小火炉的人。他能给的不多，但，他会一直守在这里。当你需要时，他热诚地欢迎你进入，高高兴兴地陪你说话，感谢你让他免于寂寞，给他欢乐。第二天，你收拾行李要上路，他的眼里闪过点点失望，可依旧笑着为你祝福。

对离开自己的薄情女孩们是如此，对世界，也是如此。

就是这样，慢慢地，小晏的心，就收容了许许多多被其他人匆匆遗忘了的欢乐时光、舍弃了的美好、艰辛坎坷中流失了的真与痴，一枝一叶，欣欣向荣起来，重建起一座四时繁花绽放的大观园。

他失乐园，然后，得乐园。直到生命的晚年，亲友故旧更凋零，连记忆都变得有些模糊的时候，他也累了。独坐园中，听见命运收割的镰刀在远处呼啸而来的声音,他鼓足最后的力气,从苍老的脸上,绽开微笑。

阮郎归

天边金掌露成霜,云随雁字长。绿杯红袖趁重阳,人情似故乡。

兰佩紫,菊簪黄,殷勤理旧狂。欲将沉醉换悲凉,清歌莫断肠!

人老了,感情不再那么激烈,但也获得了最终的坚韧。簪花的少年,到老了,依然会簪花,而且更加用心了。"殷勤理旧狂",是重阳节的时候。宋代人到重阳,必要亲友相聚,登高、赏菊、饮酒、叙旧。不管怎么样,景总是要应的吧,即使朋友啊,恋人啊,都已经在时间里永远消失了。他有些自嘲地笑:"大家都不在了,我这样煞有介事的,还像当年公子哥儿时似的,折腾个什么呢?"

转念又一想:老了老了,不要在最后的光阴里被它们打败啊!于是,他整衣,听歌,在毫不相干的热闹人群里,举袖饮尽这杯酒,一个个熟悉的年轻面容浮现,也在微笑着,看着他。

莲、鸿、蘋、云……女孩们在说:"喂,少喝点,醉了没人扶你回家哦！"

沈廉叔、陈君龙促狭地挥手：怕什么，等会儿让小蘋送你。

黄庭坚：跟我一样没头脑、不高兴的家伙，头上也戴着花，还在拍手唱歌呢，不怕人笑话！

郑侠：一介小破官儿，穷得比我最穷时还穷，竟然敢上书跟自己的恩人王安石作对，还害得我坐牢。可是，我却最喜欢这个浑人呢！

歌声中，又渐渐醉了。晏几道平凡的、从未飞黄腾达的一生，过去了，留下这一段"四痴"的评语：

仕宦连蹇，而不能一傍贵人之门，是一痴也；论文自有体，不肯一作新进士语，此又一痴也；费资千百万，家人寒饥，而面有孺子之色，此又一痴也；人百负之而不恨，已信人，终不疑其欺已，此又一痴也。
（《四库全书·山谷集·小山集序》）

是，他是个痴绝人间的人，也是个天真到死的人。未经世事考验的天真是可耻的；尝尽悲欢离合，知晓岁月沧桑之后的天真，却是蚌壳里的珍珠，有了自己的光彩和硬度。纯净，却有了底蕴，变得可喜可爱了。

所以，我们很爱很爱晏小山，就如同，我们爱那些可爱的孩子。

"我们要永远永远好下去！"

"嗯，永远的。"

天长地久，穿过岁月的烟尘，在古老的中原大地上，阳光照得一片通彻。那些小小的背影，手拉着手，走远了。

别人见我在喝最劣的烧酒

戴复古：一个不回家的人

> 我知道，爱人，空虚的生活已弄得我头发脱落，我不得不在墓石上静卧。你们见我在喝最劣的烧酒，而我无非在风中行走。
>
> ——贝尔托·布莱希特《颂爱人》

"阻风中酒。流落江湖成白首。历尽艰关。赢得虚名在世间。"戴复古在《减字木兰花》里的几句叹，正是对他们这些江湖词人一生的概括。

布衣，潦倒，才华横溢，长年在路上。周旋于达官贵人的筵席，赢得一声声喝彩；回到住处，家徒四壁，清锅冷灶，妻儿都苦着脸，抱怨没有隔夜粮。就连死了，都无钱可以安葬。

一般来说，他们的身份是门客，以诗文寻找着一个"孟尝君"。混得好一点，会成为某位大人的幕僚。他们的江湖，没有传奇，没有剑客，没有血染浔阳江口的豪杰，名义上对应于峨冠博带满座的"庙堂"，其实只是庙堂的外围和附庸。他们一生，就在这附庸的面具下，努力唱出自己的声音。

江湖是在仕与隐之外文人所有的第三条路。这条路有点不尴不尬，虽然可以标榜"身在江湖，心存魏阙"，表达一下"天下兴亡，匹夫有责"的决心，到底还是心意难平。

他们有时候，嚷着明天就归隐山林；有时候，也发牢骚指斥时弊，誓不与肉食者为伍。实际上，口号喊得响，是因为两者都做不到。

他们是中国的第一批职业诗人。当写诗写成职业，就像一切赖以谋生的活计，免不了要去揣摩受众的喜好，歌功颂德、祝寿贺喜、庆祝娶新姨娘的东西，总是要多写一点，还要写得不落俗套。艺术与谋生的矛盾就来了。

既然是职业，就有竞争，就该学习职场上应有的交际手段。交游拜谒的都是有文化的达官贵人，没文化的，也不懂得欣赏你对吧！这就要求：虽然衣食要仰仗对方，但绝对不能把姿态放得太低，让人瞧不起；又不能太把自己当回事，耍个性，好面子，别人又会说你不识抬举。

这就很考验一个人心灵的"柔韧度"了，好在路总是靠人走的，被许多人踏出来的路，总归有点可取的风景吧？比如说，由爱才而产生的飞来艳福。

戴复古就遇上过一回。那时他大概是成名初期，年纪不大，走上江湖路的时间不久，不过也经过好多磨折了。他先是带着诗卷入京，不料京城中像他这样的人太多，挤挤挨挨等着被赏识，恰像西湖里成群结队乞食的红鲤；又改道跑去前线投军，想在部队里找个幕僚当当，也算是书生救国，还是未果。

正在这心事一半儿灰，前景一半儿黯淡的时候，他游历到江西武宁，遇到了一位富家翁，相中了他，要招他当上门女婿。老人家想得很好，这书生才华又高，气质不俗，除了有点名士习气、有点穷，没什么毛病；家里也不愁吃穿，只想女儿有个知书达理的好相公；穷人家出身的孩子，想必比骄纵的公子哥儿更会疼老婆，看那小子读书甚多，总该懂得知恩图报……

戴复古一口就答应了，皆大欢喜地成了亲，谁也不会想到，他早已在老家娶妻生子。答应婚事的时候，他心里是否有过为难与挣扎，那就不知道了。可以肯定的是，对于戴复古，这实在是他入世以来，天上掉下来的第一块大馅饼。

他出生在乡下一个穷儒之家。老爸是那种坚持站在主流之外的人："以诗自适，不肯作举子业，终穷而不悔。"临死时，他想的不是孤妻幼子以后怎么生活，却只怕没人继承他写诗的衣钵。

可以告慰泉下的是，儿子很争气，简直肖之又肖，把老爸的榜样发扬光大，刚刚成年，就卷起包袱，读万卷书，行万里路去了。游历，拜师，死求活求地拜在陆游门下，他又的确有天赋，年纪轻轻就名声传扬，于是更不把科举一事放在眼里了。

但人总是要吃饭、要养家的，选择别人不走的路是一回事，希望能在这条路上走得稳当，甚至比另一条路上的人们更舒服，也是人之常情——如果能继承丈人家业，过衣食无忧、纵情风雅的日子，为什么不呢？不走主流的路，并不意味着就不会面临其他诱惑。也许就是这样一念之间，他忘了家乡的妻与子。

事情的发展很是叫人意料不到。三年之后，戴复古不干了，说："我在老家有老婆，对不起，我必须走了。"

丈人家待他挺好，新妻子温柔贤淑，又通文学，与他很有共同语言。一切都很美好，他却受不了。是良心责备，还是思乡情切？又或者，嫌现在的生活还不够如意？这个时候，突然绽放出个性光彩的，是那被欺骗又被抛弃的女人，他那成婚三年的妻子。她哭过，求过，最终冷静下来，温婉得好像什么事情都未发生过。她安抚暴怒的老父，替这个很快就不再是自己丈夫的男人打点行装，细心包好手裁的四季衣服，塞上银两细软。然后，在花园里摆下酒席，为他饯行，赋词作别。

祝英台近

惜多才，怜薄命，无计可留汝。揉碎花笺，忍写断肠句。道旁杨柳依依，千丝万缕，抵不住、一分愁绪。

如何诉？便教缘尽今生，此身已轻许。捉月盟言，不是梦中语。后回君若重来，不相忘处，把杯酒、浇奴坟土。

她也是多才的。多才的女人，性情多半刚烈。要走的男人，任使尽千般计也挽留不住。不肯放手，也只能放手。但是，"不相忘处，把杯酒、浇奴坟土"。你要走了，就等着给我收尸吧！绝望中，藏着最后的期冀，拿生命做赌注，一生中唯一的也是最后一次的豪赌。

名分忽然落空，非妻非妾，站在这尴尬的位置上，她甚至无法做到"闻君有两意，故来相决绝"。要说这话，也该是那位前妻吧！

戴复古放下酒杯，挥挥衣袖，还是走了，也带走了她生存的理由。于是，她举身赴清池。

从前看到这里，我都忍不住从牙缝里冒冷气，为她不值，对他不屑。我以为戴复古是这样一类男人：有些才华，自视甚高，很愿意为前途放低身段，可又没有一狠到底的决心，不能忍受出卖自己必然的代价，也就无能去博取更高利益；左右算计，透着股小家子气，脏了身子，不得功成名就，只剩下个怀才不遇的外壳，骗不长眼的小女子怜惜。

现在年纪长了一点，回过头来，省视自己的年轻时代，才发现，很多次抉择都莫名其妙，毫无站得住脚的理由。东撞西撞，争抢过、放弃过、后悔过，只是因为根本不明白自己想要的是什么。

住过很多地方，换过很多工作，忽然辞职，对下一步毫无打算。只有心里那股"要出去走走啊，要看看远方"的冲动，那像是青春的并发症，怀着茫然的激情，对世界抱着盲目的向往，从此处到彼处，不停奔赴，又不停离开。迷恋的只是一种"在路上"的感觉，一个"去往彼方"的姿态。

"世界那么大，我想去看看。"年轻人往往会这样，被那风尘中的诗意吸引，被心灵深处不安的渴望驱使，行走在了漂泊的路上。

所以，也许可以这样理解戴复古：他是那一种人，听从心灵的呼唤，多过于头脑里的理性。而心灵，本身就是一锅煮得过沸的粥，是热气腾腾、稀里糊涂的东西。

他永远跟着感觉走，不进行人生规划，不做成本核算。当时留下来，很可能并没有多少正常人的算计，只因为那老先生对他很好，那姑娘笑起来真美，他走了这么久，也的确好累啊，等等。而想要离开时，他也并不曾清点得失，打算后路，就是感觉不对了，不是自己想要的生活了。这样的人，处理事情很不现实，但绝起情来，比老于世故的人更无回旋余地。因为，你没法跟他摆条件，讲道理，关于利益的权衡，他拎不清，也懒得拎清。

干了这么一回浑蛋事后，戴复古根本没在老家待几天，他又云游四方去了。

戴复古的家乡浙江台州，历代以来重儒学而文风炽盛，户户以科举及第为荣，仅南宋期间，同乡考中进士的就有五百多人，甚至有"进士村"的产生。偏偏，就出了他和他老爸这两个异类。"吾乡自古不产诗人。"戴复古说。所以，他要成为有史以来家乡第一个以诗闻名全国的人。

这个理想，也没什么不对吧？只是，理想越浪漫，现实中让人付出的代价就越大。走着走着，就会发现眼前只剩荆棘。而在与满路荆棘的较量中，连自己都忘了当初坚持的是什么，只是习惯性迈步。

《减字木兰花》的后半阕是这样写的："浩然归去。忆着石屏茅屋趣。想见山村。树有交柯犊有孙。"

想要放弃一切外面的虚名，逃离外面的艰辛和难堪，回到家乡去，回家啊回家，朴素温暖的家。这咏叹的调子，在戴复古的一生中，周期性地奏响，循环往复。他这个人其实也不是很适合清客这个职业，"负奇尚气，慷慨不羁"是朋友们对他的赞美。从职场角度看，这不是什么好评价，意味着该人不识进退，太个性，太自由散漫，总之不会是那种能讨上司欢心的高情商品种。那么，布衣奔波江湖四十余年的日子，当然不好过。最难熬的时候，家乡的田园就成了最后的避难所。

田园，永远都在被人们歌颂和怀念，又不断地被一代代的人抛在身后。离开村庄的人将长久漂泊，还有更多的人死在路上。但是，你知道，人们总有充足的理由这样。

第一个十年，回家后发现结发之妻已病逝了，两个儿子被亲戚代养着，戴复古忍不住哭了："求名求利两茫茫，千里归来赋悼亡。"你以为他知道悔改了，才不，过不了多久，就又跑了，一跑二十年。他还说自己是只鸟，只习惯五湖四海。

漂泊湖海的日子哪有那么好过的！戴复古诗比词更擅长，词是闲情，诗以言志，诗里放入的感情更深刻。

他说："湖海三年客，妻孥四壁居。饥寒应不免，疾病又何如。日夜思归切，平生作计疏。愁来仍酒醒，不忍读家书。"又说："三年寄百书，几书到我屋。昨夜梦中归，及见老妻哭。"句句都是血泪。读起来，简直以为是有人拿刀动枪地逼着，不许他回家。

其实还是放不下嘛！这时节，他已经度过了事业的艰难期，渐入佳境，诗名远播，高官时贤，人人争与结交。诗友们同气相求，俨然成派，就是后来文学史上所说的"江湖诗派"。

没有真回不去家园的书生，有的只是尘世中矛盾的心。七十多岁的时候，戴复古第三次流窜了出去，游山玩水，呼朋唤友，日以诗文唱和，忙得不亦乐乎。儿子怕他在路上出事，好说歹说接回了家。当年拜在陆游门下的毛头小子，赫然已成海内名家，也有后生万里来拜了。"分无功业书青史，或有诗名身后存。"回首人生，他这样估量着，遗憾和自豪参半吧！

姜白石：爱比死更冷

姜夔也曾有过飞来的艳福。湖州名士萧德藻，又号千岩老人，爱其才华，将侄女嫁给了他。后来，退隐石湖的范成大，又赠其歌伎小红。"自作新词韵最娇，小红低唱我吹箫。曲终过尽松陵路，回首烟波十四桥。"写的便是这件事。畅快得意，溢于言表。不过，直到他贫困潦倒地客死扬州，小红的名字都未再被提起过。我猜小红已经离开了他的生活——他养不起。当时的得意，多半也只是因为刚刚受到的赏识与知遇，自度曲《暗香》《疏影》二章，一出手，便满堂喝彩，人皆叹慕，小红的出现，不过是锦上添花。他对她，谈不上有多少深厚的感情。就连对自己的妻子，他似乎也无多少挂念，从未在笔下写到过她。

翻开他布衣浪迹江湖的一生，字里行间，永远站在那儿，似远还近的，是很早很早以前，在合肥遇到过的女人。所有的爱与思念，都早早支出，再无他人补白余地。

淡黄柳

空城晓角,吹入垂杨陌。马上单衣寒恻恻。看尽鹅黄嫩绿,都是江南旧相识。

正岑寂,明朝又寒食。强携酒、小桥宅。怕梨花落尽成秋色。燕燕飞来,问春何在?唯有池塘自碧。

词前小序道:"客居合肥南城赤阑桥之西,巷陌凄凉,与江左异。唯柳色夹道,依依可怜。因度此阕,以纾客怀。"

那时他翩翩年少,骑着马走在垂柳翻飞的路上,怀里揣一壶酒,有点兴奋,又有点惆怅地去找他的情人。春天的柳树,舞腰细软,风姿楚楚,看上去多么可怜可爱。每一丝风中的摆动,都让他想起那女孩子的脸。于是,这淮南道上僻静的小城,在他眼里,就有了奇异的光辉,光一直藏在心里,伴他四处漂泊,直到老死。

这是姜夔第一次到合肥,二十三岁。他的情人,是住在赤阑桥畔善弹筝琶的一对青楼姐妹中的一个,到底是姐姐还是妹妹,不太清楚。后来为谋生,他不得不离开合肥,周游于淮扬一带。其间虽时有来往,但终难厮守。十多年后,情人亦离开合肥,音讯全无。他则终身再未涉足此城。

这段感情,他一生中从未忘记。他记着那些柳树,在词中反复地写。他还记得每次分别时，院里都会开放的梅花，梅花下她的笑。总共三次，每次，都是春天来，冬天走，在柳与梅的交替之间，就是他们最好的时光。

短暂的相聚，用一生来怀念。一个浪漫的故事，不是吗？可现代人又这样唱了："我能想到最浪漫的事，就是和你一起慢慢变老。"换了你，是愿意和爱人在柴米油盐中相伴相依，间或争吵着一起变老，还是天各一方，把刻骨相思升华成传世诗文，死后，由一代代痴男怨女吟唱？

如果你是女人，会为了一个男人苦苦等到三十多岁，却什么也没有等到？如果你是男人，你受得了在你最爱的女人面前，这般狼狈无力？

所以，最真最美的句子，往往是贝壳里由沙子孕育出的珍珠，越痛苦，越晶莹。

关于这段感情，不能不提到这首词，简直是一首最后的挽歌。

鹧鸪天

肥水东流无尽期，当初不合种相思。梦中未比丹青见，暗里忽惊山鸟啼。

春未绿，鬓先丝，人间别久不成悲。谁教岁岁红莲夜，两处沉吟各自知。

这是1197年元夕之夜,又十多年过去了,这些年沉沉吟吟,念念不忘,又能怎么样?连路过的时候,都只能遥遥张望,却再也不敢踏入那曾经欢笑满满的城中一步。

这段感情的死穴,唯两个字:贫贱。

他原也是官宦子弟,可惜父亲早亡,家道中落,屡屡应试不第。那时候文人不像现在,进可入作协,退可下海经商,就算卖烧饼,只要放得下面子,能挣到钱,也没人笑话。从前,文人的"文"就是主业,做不了官,也就只能一条道摸着黑走下去。

诗词音乐上的才华为他赢得名气,也遇上不少惜才的人,权高位重者有之,他与他们交游,其实也倚仗他们接济度日。这身份,半算江湖游士,半算豪门清客,实在不够光彩。

他也不是迂腐的道学家,只是,要替她赎身,他没这个经济能力。他又已有妻,妻家对他有知遇之恩,就算把情人娶进门,肯定是委屈她做小。生计又那么艰辛……当男人真正爱一个女人时,是舍不得她和自己一起吃苦的。

王国维先生曾说姜夔是"狷者"。这样一个心性高傲的人,偏偏靠游走于权贵门下讨生活,那些赔笑、清客们必须会的临场逢迎、不定期吃到的白眼……于敏感的心灵,就是一把一把短匕,寸寸险地戳着,痛得狠了,还是要谈笑风生。可又能怎么样呢？这就是生活。风花雪月背后，是一摸一激灵的粗糙冷硬。

《金瓶梅》里，有职业清客常时节，在西门庆那里讨得一点银两，回来便到长年嫌怨他的老婆面前摆架子，把妇人惹哭了，自己也惭愧起来，两人哭一回，又欢喜地拿着银子去置冬装。这一节，写尽小人物的无奈，看得读者也跟着伤心。

好在姜夔并没有沦落成这样的不堪。实际上，世人都赞他风采出众，性格温厚，唯独有个奇怪癖好，爱大冬天独自往山里跑，在寒风怒涛中乱走。没听说姜夔是内功深厚的武林高手，当时又已不流行服食五石散——流行他也吃不起——怎么会这样不怕冷？他是心里面太热。物极必反，热狠了就变成了孤寒。从心理学讲，就是一种情绪宣泄。

被迫也好，主动也好，姜夔做了"相濡以沫，不如相忘于江湖"的选择。至少，他避免了让这份情落入现实的泥沼，在贫贱夫妻百事哀中被慢慢磨灭。

合肥那姑娘，又是怎么考虑的呢？从实际角度看，姜夔当然不是从良的好选择，人老珠黄，她远嫁他乡，勉强给自己找了个收梢。而他，耗了这么多年，竟无力娶心爱的人，甚至不能给她什么实质好处，对于一个男人的自尊，如果说不是种强烈刺激，我不相信。他为她写的情词中，除了相思，一句埋怨也没有，表面上是她离他而去,其实,他才是怀着内疚的一方。

姜夔生活中还有个被埋没的女人——他的夫人。姜夔长期生活于湖州,那才是他的家,是可以进门换衣洗脚,掸落一身尘埃的地方。她呢,是他举案齐眉的妻,身世清白,家教良好,吃苦受累,并无怨言。只是,她是否知道,她的丈夫,这一生心都停留在遥远的地方?她出身于书香门第,应该能识字,丈夫写的词,那为另一个女人纠结的深情与思念,她当然读得懂。甚至不需要文字,女人在读男人的眼神时,天生就敏感。

他又对得起她吗?但婚姻与爱情,在中国人的传统里,本来就是不一样的。婚姻是写实,爱情是理想。写实总难免千疮百孔,理想又禁不起仔细推敲。

这样看,姜夔的一生真是落魄的,但我反而因此对他有亲切感。从他身上,我看到了属于普通人共有的隐忍人生——现实的研磨、逝去的理想、妥协的爱情,还有心底里深藏着的一点热量。

在宋朝的时候,湖州是和合肥面貌不同的城市。湖州丰饶、热闹,盛产鱼米、丝绸、笔墨与骚人墨客,文化气息浓厚。连小吃都那样精致:九香馄饨、脆蜜鸭舌、玲珑水晶包、碧粳腊鸡粽……而合肥则有大麻饼、白切、烘糕!姜夔写来写去,却总是舍湖州而取合肥,拐弯抹角,最终还是疾奔而去。

金庸的《白马啸西风》中,李文秀说:"那都是很好很好的,可是我偏不喜欢。"在某类人身上,就有这种接近于宿命的执拗。

又岂止是在感情上。明明爱他、怜他才的人那么多,托关系弄个一官半职,实在是有机会的。甚至,有朋友愿意出钱为他买官,被他婉拒。他的自尊和傲气,直接地表现在这里,宁肯寄人篱下,用诗词换一时衣食,宁可屡试不第,郁闷得再在寒风中走上几遭,就是不走那"不堂堂正正"的路子。

还是"狷"之一字害人。《人间词话》中说:"苏、辛词中之狂,白石犹不失为狷。若梦窗、梅溪、玉固、草窗、西麓辈,面目不同,同归于乡愿而已。"何者为狷?孔子定义:"不得中行而与之,必也狂狷乎!狂者进取,狷者有所不为也。"

而周济则在《宋四家词选》中评道:"白石脱胎稼轩,变雄健为清刚,变驰骤为疏宕。盖二公皆极热中,故气味吻合。辛宽姜窄,宽故容藏,窄故斗硬。"

这是姜夔隐藏在"清空"词风之下的个性,也即悲剧之源。他和辛弃疾实在骨子里是相似的,都有着那么多的热情,那么多的坚持。只是,时运不同,个人阅历与身份又大不同。辛弃疾可以进取为狂者,在所必为。姜夔,却为环境与自身气质所限,想积极进取,也找不到个借力点。既然干不得什么,那么,只能坚守着"哪些不能干"。

"少小知名翰墨场,十年心事只凄凉。旧时曾作梅花赋,研墨于今亦自香。"又自称:"少日奔走,凡世之所谓名公巨儒,皆尝受其知矣。"字里行间颇有些自得。他是有自信的,只是他错估了运气,低算了这人世间的复杂。

他一直在努力。上书论雅乐,进《大乐议》《琴瑟考古图》,不了了之。最后好不容易以一篇《圣宋铙歌十二章》获得朝廷的"免解"恩旨,直赴礼部应试,又未被录用。个中曲折,不得而知。但我想这也是预料中的结局。

一个人的天赋、性格,决定了人的大半命运。姜夔有点像李白,天生是诗人,也只能做诗人。但谁乐意呢?诗文终是雕虫小技。兼济天下,至少有个一官半职,告慰先祖,才是士人们的理想所在。

古代中国的某些时期,文学和政治上的人才选拔纠缠不清,让许多才华横溢的人虚耗生命,也让许多人待在并不适宜的位置,胡乱经营着国计民生。太平盛世,还不失为锦上添花;一旦乱世,就显出文学的无用了。李白在天宝年间,还能够当个文学侍臣;安史之乱起,立刻狼奔豕突,还卷进莫名其妙的政治斗争中,差点送命。在所有画像中,都满脸忧愤像只天命苦瓜的杜甫,又有谁记得,年少时,天下浩荡太平的时候,他也曾纵饮高歌,飞扬跋扈?

他们的诗歌光华夺目,他们的人生,不可逼近细瞧,看了,就有如许的尴尬、狼狈,甚至猥琐可怜。

这一命运的玩笑,要无数人用一生来辗转。"忍把浮名,换了浅斟低唱。"这是柳永的自嘲。和后辈姜夔相比,他的运气要好些。生活在歌舞升平的北宋,有人民安居乐业的底气在,有水井处皆唱柳词,他的根扎在寻常巷陌、歌馆舞楼的流行文化里,自然培养出一种世俗化的落拓不羁。虽然也没有功名,也牢骚不平,他却并不显得太悲凉。

柳永的故事,可以在舞台上大喜大悲、载歌载舞地搬演。而姜夔,他的故事,只能在夜深人静时,不向任何人说起地低徊。到天亮,叹一口气,庆幸作为没什么才华的普通人,也就免了那么多不甘。

读姜夔的词,往往被他冷色调的用词惊到。词集中触目所及,"冷""寒"二字用得极频,诸多场景都只可遥望,不可沉溺逗留,比如"淮南皓月冷千山,冥冥归去无人管",比如"数峰清苦,商略黄昏雨"。人与境在一起,不见相融,倒越发显得两者都更孤独得无药可救了。

再比如,那首把小红赢回家的得意之作,《暗香》:

旧时月色，算几番照我，梅边吹笛？唤起玉人，不管清寒与攀摘。何逊而今渐老，都忘却、春风词笔。但怪得、竹外疏花，香冷入瑶席。

　　江国，正寂寂。叹寄与路遥，夜雪初积。翠尊易泣，红萼无言耿相忆。长记曾携手处，千树压、西湖寒碧。又片片吹尽也，几时见得？

　　姜夔应了他的名字，是位音乐家，精通音韵，断不能墨守成规，总要自出心裁地创作些曲子，一声声地锤炼，必要音节谐婉，曲尽其妙。宋词的唱法早已失传，唯有在他的《白石道人歌曲》里，用工尺旁谱留下余音，让今天的研究者如获至宝，只可惜已越千年，湮没太久，不能完全还原了。

　　《暗香》就是他有名的自度曲。单看字面，雅绝、清绝。起句劈头直下，旧时月色，一片冷冷月光，划破时空而来，人就被回忆死死抓住了。唐圭璋先生说起句"峭警无匹"，的确是高手落笔，看似平淡，却无法追摹。

　　他想起从前的月亮照着他，几回在梅花边吹笛？那是些什么样的夜晚？冬天雪铺满了庭院，天地间很冷，只有屋子里是暖的。因为有个她，香甜地睡在屋里，于是连这室外的冷，都冷得雅致、冷得可喜。

两个人在一起的时光，满满闲暇，身心安乐，日子像牵线珍珠，晶莹地向后延伸。于是只把此时当寻常，缠绵过后，一个人睡了，一个人还不困，悠然地踱到屋外，吹吹笛子，散散步，发发呆，看看梅花——发现今晚的梅花真好看，跑回去把她摇醒，来嘛，出来一起看，折几枝回来插在花瓶里好不好？她有点抱怨，有点宠溺地笑着，披上衣服，被他拽着手走出来……哎，年轻真好，恋爱真好！读到这里，谁能不这样想呢？

何逊是南朝梁的诗人，八岁能作诗，二十岁被举为秀才，少小成名，可恨身世贫寒，仕途不顺。姜夔用他来自比，是命运相似——何逊的诗，被后人评为"清巧"，但又诟之以太苦辛、多贫寒气，其实时运不济、颠沛流离的人，你叫他去哪儿讨点富贵气来？

何逊曾在扬州做个小官，官舍后有一树梅花，他常吟咏于其下。后来他去了外地，一年冬天，突然想念梅花了，就特地跑回来看。梅花刚刚盛开，他在树下彷徨终日，竟然不能再写出一首诗。一切都不一样了，这一访旧、一失言中的悲凉，不是曾经历过的人，体会不出也看不懂。

姜夔明白，可也不多说，只轻轻地带过："我老了，忘了该怎么写了。"

现在的他坐在酒席上，闻着从门外、从竹林边飘来的隐隐梅香，说："我心里有点惊异呢！"惊异的是草木无知无情，明明物是人非，它还一如既往开着，香着。

夜雪初积，江国寂寂，想要折一枝梅花寄给远方的那人，是不能够了。手捧着翠玉的酒杯，落下泪。对着红梅无言地思念——翠尊红萼，色彩搭配得清艳，不愧炼字高手。想念我们携手游玩的光景，在西湖之上，有千树梅花，压住一湖寒碧。今天，花仍在开吧，眼看就要被风一片片吹落了，我想念的人，什么时候再能见到？

这一首词，是个冰雪琉璃世界，里面有永恒的梅花，有永远的她，还有一个他，随着辗转的思绪，出出入入，努力想要回到那梅树下，回到她的身旁。可是，不可能了，总是这样似近还远，即之又离……这也是白石词的特色，他的词境，永远有种疏离感，越企盼越走不到跟前。于是我们才知道风景之存在是为了彰显人的孤独。

王国维先生一直嫌姜夔的词"隔"。静安先生热情，推崇后主以血书就的词句，强调赤子之心。白石却理性、压抑，作词时敲敲打打，情感收收放放、吞吞吐吐，终于捧将出来时已经冷却定型。这也正如琉璃，你只能看到它的剔透，摸到它的清凉，却不知它曾经过了怎样的熊熊烈火。

所以，永远不能轻松自然，不能畅快淋漓，一刀一刀、一寸一寸地戳在心上，只有自己知道。

吴文英：背对着月光散步

诗人都是有怀旧癖的人。姜白石是，吴文英也是。在越来越寂寞的江湖里，怀念可能是唯一的温暖。即使痛苦，但无论多么深的痛苦里，总有那么一丝甜蜜，这也是诗歌在人心里的源头。

不知道吴文英一辈子有过多少情人，对于漂泊着的人，用些过路的爱情作为慰藉，再自然不过了。对象也多是漂萍样的女人，彼此的关系是温暖的，却也不牢固。我的意思是，如果他们和她们，风流成性，朝三暮四，那也无可厚非。但吴文英的恋爱史，似乎并不丰富多彩，至少从词集里看去，很简单，也很倒霉。

年少时喜欢过的女孩，掉进水里淹死了。成年后受到的打击更大：在苏州娶一妾，丢下他走掉了；杭州的爱人，早早地病死了……总之都是些伤心的历史，被他絮絮叨叨，无主题变奏地、散漫地说，想起来就说一下，变成了习惯。到了最后，你也不知道他是真情种，情种中的祥林嫂，还是说只是谨遵骚人的传统：用男女之情来表白人生，香草美人，别有用心。

其实怎样都好。所谓解读，总是建立在个人视角上。不论研究者们如何诠释，我更愿意把情诗就当情诗来看。最喜欢吴文英的，倒非句子多哀艳，怨怅多精致，却是些不经意间闪回的片段，心中柔和一触，一下子就贴近了，确切地知道，这一刻，他是真诚的。

无外乎这些：那年她穿的裙子色泽真好，那个春天她手上的香气，她喝酒的样子，她在灯下一侧身，她看见花开时有点惆怅，等等。怀念某个人，就是这样子的，无数的碎片，堆积成似真还幻的身影，好像触手可及，又不能真的伸出手去，一碰就碎了。

人生真是没意思，十分钟，就永失我爱。年华老去，死了，不再了，才会这样热爱回忆，在怀念中，把时间收束成可以握在掌心的珍珠，长夜将尽，一粒粒细数，照亮了终归要朽于尘土的眼。

吴文英的词，就有这样满捧珠光、密密莹莹的感觉，是思绪的绵延与文体的精绝共同构织出的华美。

莺啼序

残寒正欺病酒，掩沈香绣户。燕来晚、飞入西城，似说春事迟暮。画船载、清明过却，晴烟冉冉吴宫树。念羁情、游荡随风，化为轻絮。

十载西湖，傍柳系马，趁娇尘软雾。溯红渐、招入仙溪，锦儿偷寄幽素。倚银屏、春宽梦窄，断红湿、歌纨金缕。暝堤空，轻把斜阳，总还鸥鹭。

幽兰旋老，杜若还生，水乡尚寄旅。别后访、六桥无信，事往花委，瘗玉埋香，几番风雨。长波妒盼，遥山羞黛，渔灯分影春江宿。记当时、短楫桃根渡。青楼仿佛，临分败壁题诗，泪墨惨淡尘土。

危亭望极，草色天涯，叹鬓侵半苎。暗点检、离痕欢唾，尚染鲛绡，𨨏凤迷归，破鸾慵舞。殷勤待写，书中长恨，蓝霞辽海沈过雁。漫相思、弹入哀筝柱。伤心千里江南，怨曲重招，断魂在否？

长篇大论，就算作为长调，也未免离谱了点。吴文英的自度曲，简直太炫才了！词贵含蓄蕴藉，铺陈排比则损韵味，容易变得拖沓，或离题万里。故长调极难驾驭。类似于写长篇小说，让创作变成了力气活，写的人、看的人都耗真气。

但吴文英要在乎长短，也不是那个布衣干谒权贵的人了。他的人生，总有种低调的恃才。一辈子奔走潦倒，得不到世俗意义上的"成功"，却又能安之若素的人，往往暗藏着这样隐秘不宣的骄傲。因为他们知道，在另外的层面上，自己获得生命的馈赠远远多过他人。比如，这一阕风华无限、只有自己才能谱写的词。

不，制作这样的长调，又可能是因为，非如此不足以写尽平生恨事？这样想也是有道理的吧！在过往的岁月中，他用长短各种词牌，说了很多很多，但总是觉得，还不够，远远不够……

回忆越牵越长，扯到缠夹，用蝇头小楷也要写满一纸了。

他在杭州住了十年，重来，物是人非事事休，只有燕子还在，虽然今年飞来得晚，好歹还是赶在春暮时来了。自己呢，正害着酒病，也懒得出门。宋词里说到病酒不起，其实多是借口——你以为他们真是头痛，呕吐，怕冷怕得不想起床？情商不要太低啊！

吴文英不想出门，是因为他用不着。十载西湖，这城里哪处风景是他未见过的？哪条街巷是他未曾走到的？闭着眼睛，也知道那艘艘画船，是怎样地满载春色来，又送春色于流水。

旧地重游，怕的是触景生情。更可怕的是，你换了住处，关上了门，闭上了眼睛，往事仍然纷至沓来。在第一段舒缓的序曲过后，接下来繁管急弦，跃入正题，一个个画面，连贯成一段完整的爱情电影，在脑中播放。

其实也没什么新鲜情节。书生河畔系马，侍儿偷递素笺，然后两情相悦，双宿双飞。只是好景不长，他为了生活必须离开。回来后，她已经去世。站在湖畔，他再想起她的眉眼，想起共同游历的过往。分手时写在墙上的诗，墨迹模糊在尘土里。

故地重游，痛苦在回忆中再次占领人的心，时空交错，似真似幻，所思茫茫，只觉平生恨事，写无处写，寄无处寄，就算能写就这一首长词，又怎么能招回她远逝的魂灵？

这阕《莺啼序》最突出的特点是时空自然切换。有宋词人中，没有谁能像吴文英这样思维跳跃，不顾他人感受，只沉浸在个人意识的闪回里。他甚至很少像常规那样，在词意的承接处使用领字或虚字，以作为叙事或情感的起承转合。他就是硬生生地直接跳入下一个场景。一个个画面，穿插，切换，有时候还倒回来，很意识流，很先锋。

所以吴文英的词，如果耐心不足，会觉得晦涩难耐，也就错过了他每个片段里的深情幽恨。张炎不喜欢梦窗词，嫌"质实"，运转不灵。但况周颐就喜欢，说是"重、拙、大"。《蕙风词话》中说："重者，沈著之谓。在气格，不在字句，于梦窗词庶几见之。"

准确地说，吴文英的好处，在于"潜气内转"。所以他的质实，是有力量、寄意深厚的"实"。

杰出的诗人，都来源于天性。吴文英也是天生就该往这条路上走的，只是走得跟其他人不同。对于外物，那些生命中的刹那时光，瞬间闪现过的风景、人事、声音、气味、光影……他有着普鲁斯特式的敏感。一朵花开是一道无声惊雷，指尖一触，便有闪电，在平凡的生活中烙下灼痕。当天气适宜的时候，所有潜在意识深处的伤痕，便被词语一一还原。所谓的七宝楼台，原来是镇着怨灵的塔，一处封藏着烈火的业境，自我困守其中。

是的，伤痕。我们都知生离死别是伤，实际上，欢爱同样是伤，美，也是伤。最欢愉的时光，都带着丝丝痛楚，带有宿命的丧失感。这就是词中他所说的——"春宽梦窄"，有多美就有多梦幻，有多梦幻就有多短暂。有花堪折直须折，在爱人的歌声里，我们要动用眼耳口舌身意，将一切收束入怀。

并非吴文英运气有多坏，一恋爱就是悲剧，而是对于吴文英这种人，悲伤与生俱来。对生命有多热爱，对爱人有多眷恋，这痛楚就潜伏得有多深。有一天，它们终于从心灵最幽深处泄出，无所遁形于日光下。于是，那些柔软锦丽的句子，就像当年自己亲手扔出的一块块石头，穿越时空，砸到自己的脚。

还有何轻逸可言？你被往事击中，拖着受伤的腿走路。你像一颗钉子，被岁月牢牢钉在地面上，再也飞不起来，而你，也从来没梦想过要飞翔。剩下什么呢？且来填词。

如果没有专注于写词，吴文英只是历史中不留名姓的一粒尘。《宋史》无传，生平无书面记录。可供揣测者，只是时人书简中片言只语，以及本人诗词里透露的蛛丝马迹，后世研究者做谜题，足足可以做一生。

现在所能知道的：浙江宁波人，本姓翁，过继给吴氏。一生未第，游幕为生。曾在浙东安抚使吴潜及嗣荣王赵与芮门下，亦与权奸贾似道交往过——此事常被看成他人生里的一抹黑。吴潜对吴文英很赏识，身份悬殊，却相交甚厚。吴潜后来被贾似道陷害，毒死在贬所。这些政治斗争与吴文英没关系，却也再次向粉丝们反映了：所谓江湖词人，奔走权贵门前，周旋应酬，用才华换一碗饭吃的真实生存状态。

除了谋生、写词，他有过更远大的抱负吗？传统中国知识分子，都有根深蒂固的"天下"情结，爱好宏大叙事。"穷则独善其身，达则兼济天下"——虽则很难做到吧，有此一语，亦可安抚平生块垒。

吴文英依附过的人，都是政坛风云人物，一度接近权力的中心。奇怪的是，他像与政治绝缘似的，既无作为，又无向往，偶尔说几句忧国忧民，也像场面话。

一般有些才华的读书人，就算不认为地球离了自己不转，终归坚信：有了自己，地球会转得更圆满。吴文英的另一独特处就是：他并不相信，有朝一日，自己兼济天下的本事，能超过做词人的水准。

他入世欲望并不太强烈，一半缘于专注词艺；另一半，大概来源于清醒且无奈的自我定位。这样的人，在人际中，应该是受欢迎的，他不会那么棱角分明，不恃才使性，给人交往中的压力。他温和有分寸，可以想见，也不会跟人有什么深入交流。随着年岁渐长，他与自己的回忆对话得更多。可也并非就是说他脱离现实社会。吴文英也关注现实，留心时局，只是，他打心里觉得，书生无用。

齐天乐·与冯深居登禹陵

三千年事残鸦外，无言倦凭秋树。逝水移川，高陵变谷，那识当时神禹。幽云怪雨。翠萍湿空梁，夜深飞去。雁起青天，数行书似旧藏处。

寂寥西窗久坐，故人悭会遇，同翦灯语。积藓残碑，零圭断璧，重拂人间尘土。霜红罢舞。漫山色青青，雾朝烟暮。岸锁春船，画旗喧赛鼓。

这已经是他的词作中具备强烈现实意义的一首了，却写得委婉深藏。表面上，写的是他跟朋友游山的事。人家游山，总要一路行来一路说：岩是如何翠，涧是如何深，树木怎样，鸟儿怎样。到了吴文英这里，直截了当，一开篇，就已经游完了，累得够惨，靠在树边休息了——真是个怪人。

笔下的景物也怪，是非人间的空灵与凄冷。有历史，有神话，有现实，还有想象；忽而白天，忽而夜晚；明明是秋色，转头又写到了春天。别人写词讲究实中有虚，到他这里，成了虚中带实，奇变迭生，看上去完全不合情理。后来很多人填词学习吴梦窗，就只学到了这个"不合情理"，以为七拼八凑，逻辑混乱，再加上语言花哨，便也算写出一首好词了。

吴梦窗的"乱"，是典型意识流写法，看似呓语，其实有思想的脉络，有情感的流向作为支撑。这里，他说游山，其实呢，意根本不在此，在于借古讽今，所以才一来就倦了，这是身体的倦，更是精神的悲凉。他问大禹当年治水，疏江河、平高山的魄力和功绩，今天还有几人记得，是叹息人世沧桑。无论怎样的巨变，终究会被淡忘，可是，真的该忘吗？矛头隐然指向了"靖康耻，犹未雪"，这被南宋君臣深埋在心底的伤口。

于是，下面神叨叨的一串，就可以理解了。风雨之夜，禹庙的梁木，犹会飞去与龙争斗；朗朗秋日，大雁在天空中排成字，书写夏禹藏书中的句子。这既是大禹英灵尚在，守护人间的传说，更是与现实鲜明的对比，是对这衰颓国运还有转机的最后期望。并不太确定，但如果，大家能像禹庙的梁木那样，多少有点志气，情况总会好些的吧！

下片是相同的结构，和朋友晚上对坐，西窗剪烛，多年知交，有些话就不用忌讳了，肯定谈起了很多末世的隐忧，甚至有对于庙堂之上的叹息。却不明讲，而付之以委婉的讽咏，是"诗三百"的传承。

当你知道"残碑"是什么，"零圭"又是什么时，就会明白，吴文英这里的恨事是什么。记录大禹功绩的石碑已断，象征国家统一的玉圭已碎，但凡还有点心肝的人，当然徘徊不能自已。"春女思，秋士悲"，秋士之悲，也就是吴文英作为一个士人，永远无法摆脱的家国之念。这样的铺垫之后，再转而写肃杀秋风，红叶凋零，既是写实，更是内在情感对于身外事物的浸染。

那为什么从秋又跳到春呢？因为这是大禹庙，因为他相信英灵尚在，还因为他和所有普通的平民一样，不管现实多么无奈，总不肯放弃心底最后一丝企翼：春天总会来的吧？事情总会好起来的吧？于是，这个既受制于理性的悲观，又有点感性天真的词人，精神一振，满脑子想象着春日禹庙前人们祭神的画旗赛鼓了。

吴文英有一位粉丝杨铁夫，曾说道："梦窗诸词，无不脉络贯通，前后照应，法密而意串，语卓而律精。"就是这个杨铁夫，非常八卦地考证吴文英的情史，简直到了娱乐小报的地步，从字缝里都能抠出奸情来。也亏了他这逐字逐句的功夫——吴文英的词，想读出好，的确很费精力。

"运意深远，用笔幽邃，炼字炼句，迥不犹人。"《宋七家词选》中如是说。不肯用帮助起承转合的虚词，少情绪倾诉，所以，每字每句就得无比精准，推敲至极，才能够把这一阕词骨肉停匀地撑起来。吴文英的密丽句子后面藏着的，原来是一支重拙之笔。重，为气格力量；拙，为情感意境。"能令无数丽字，一一生动飞舞，如万花为春。"仿效的人，就往往只能像一幅拙劣的刺绣了。

因此，词论家况周颐才说："非绝顶聪明，勿学梦窗。"技巧可以学，绝顶聪明，那是天赋，是天性里对于语言的敏感，还有，最无法移植、无法学到的，是吴文英那独特强烈的痛感。

绕佛阁·黄钟商与沈野逸东皋天街卢楼追凉小饮

夜空似水，横汉静立，银浪声杳。瑶镜奁小。素娥乍起、楼心弄孤照。絮云未巧。梧韵露井，偏借秋早。

晴暗多少。怕教彻胆、蟾光见怀抱。

　　浪迹尚为客，恨满长安千古道。还记暗萤、穿帘街语悄。叹步影归来，人鬟花老。紫箫天渺。又露饮风前，凉堕轻帽。酒杯空、数星横晓。

这是我最喜欢的一首。月夜长街的寂寥空灵，有着一种奇妙的、接近于现代都市人的孤独感。仿佛刚从酒吧里胡闹出来，街上人烟稀少，凌晨的风一吹，突然寂寞更深了，什么热闹啊，朋友啊，都是扯淡，敌不过初恋时两人一起喝的那碗汤。

这在宋词里是比较少见的，更少见的是——他在躲着月光走哪，怕被清光照见了心中的暗角。

你几乎能亲眼看见那个人，在深深的夜里，带着点酒意，一步步走过街；其实心里是清醒的，清醒得能数生平每一件惆怅事；然后怀着点自虐的快感。这个人的一生里，阴影重重，他才不对谁说。

宋朝的月亮，总是同一个，月光下的词人，却各有怀抱。吴文英，月光下他这一生的脆弱和隐忍，你能发现，他不敢"孤光自照，肝胆皆冰雪"，也不会"明月几时有，把酒问青天"。他太内向，太敏感，太习惯于接受现实，而现实，是灰色的存在。

很多事情，在还没有发生之前，就已经预知了，痛过了，接受了。他在甜蜜到来前就感知到了失却的痛,而在痛苦的追忆里,又一遍遍提取曾有过的甜蜜。从来没有抱怨过糟糕的恋爱史,不管是对夺走所爱的老天,还是对弃己而去的爱人。只是独自回忆着,叹息着,好像离去的人,还活在自己的血液里一样。他一定坚信,只有自己死了,她们,才会真正地离开。

他还知道,所有的丧失,只怨自己,这样的身份,颠沛的生活,没能力,没条件。选择了什么样的生活,就该接受什么样的宿命——"浪迹尚为客,恨满长安千古道。"十二个字,就是他这一生的缘起。这首词,也简直是对他一生的总结。

长安,所有年轻人为了梦想而汇聚的那个地方,让人甘愿虚耗一生,一事无成也不肯返回家乡的那个地方。在汉是洛阳,在唐是长安,在宋是东京,是临安。在今天,是北漂族们爱恨交缠的北京。未必就为争名逐利,都城它本身具备对个体灵魂的吸引力:更包容的意识,更广阔的空间,更多的同类,更多实现个人价值的机会……宁肯老死长安无人问,亦不回家乡含饴弄孙。

有恨,最初的最初,是因为有爱,心里曾有梦想。江湖词人,长安道上的浪迹者,无外乎此。这首词就有了普遍的意义,观照人生,境界宏阔,即使把它放到北宋,也可以昂然立于词林。况周颐所指吴文英词作的"大",正是表现在这里。

他的词境是承接北宋的,所不同者在于心性。吴文英的审美趣味更复杂、更矛盾，对于生命的体验亦无北宋词人的明朗。他是暧昧不清、模棱两可的。光明和阴影，过去和现在，希望和丧失，在他这里交错混杂，彼此寄生着，共同筑起一座七宝楼台。碎拆下来，不成片段——你本来就不应该去拆它。

对不起，我比你们想象的幸福

生查子

去年元夜时,花市灯如昼。月上柳梢头,人约黄昏后。

今年元夜时,月与灯依旧。不见去年人,泪湿春衫袖。

这首小词的作者,是欧阳修还是朱淑真?至今莫衷一是。明代杨慎说是朱淑真,清代纪晓岚编《四库提要》,就力辩其诬,认为一位著名女词人,不可能写出这种东西,因为有污名节。

个人认为,这首词更接近于朱淑真的风格,清新,平白,直抒胸臆,有着小女子天然的风情与痴诚。

它说的是一个发生在元夜灯节的故事。元宵节是两宋最重要的节日之一。每到此时,城乡欢腾,不论男女老少,都兴兴头头上街来看花灯，兼且看人。于是男女相会，生出许多的事来。江南春来早，当奇巧争艳的花灯把街巷占满时，柳树都已经抽条泛绿了。眼看千条万条要随春风摆动，有个平凡的她，站在树下等待。

去年的元夜，月光和灯光各占住天上、人间，她和情人相约见面。见到了没有呢？当然。今年的元夜，一切依旧，却见不到去年那个人了。只剩下她站在这里，默默哭泣。

那个人去哪里了？在今天读来，根本不用解释，恋爱可不就是这样，天下大势，分分合合，谁离开谁不能活？满街的情歌，早把人唱腻了，无感了。可在古代，唱这样一首小情歌，却是关乎名节的大事。很明显，词中所现，既非明媒正娶的夫妻之谊，又非青楼迎来送往，上下不靠，尴尴尬尬，恰是一个良家女子的秘会私约。用朱熹的话来说，就是"淫奔不才之流"。

朱淑真乃一民间小女子，历史上留下的痕迹很少。经后人努力，鳞鳞爪爪拼凑起来，她约莫是南宋早期的人，家住钱塘，出身官宦人家；从小受过良好教育，琴棋书画皆通，尤其文才出众。不幸的是，都说嫁人是女人的第二次投胎，她的第二次胎没投好，嫁了个很不满意的老公，抑郁而终。死后，她的诗稿都被父母一把火烧掉，大哭道："都是这劳什子害了我的女儿！"

然而，朱淑真若是不识字的村妇，便能打包票百分之百对这指派的丈夫满意吗？乡野间忍无可忍，谋杀亲夫的案子太多了。要知道，文艺人生并不似理想中浪漫，烟火生活也没有表面那般安详。"做人莫做妇人身，百年苦乐由他人"，妇人命运，在漫长男尊女卑的时代里，不过如此。有人默默领受，至死不知苦楚从何而来；有人却要刨根问底，声声喊痛喊冤。朱淑真便是后面那一种。

她擅文艺，文艺让她更清楚地看到了自己为妇人身的处境，无法忍受，要长歌当哭。这才是文艺于朱淑真的作用，否则，也只能像庭院中那么多郁郁而终的女人，无声地消散在男性书写的历史里。

朱淑真打小聪明伶俐，因此父母对其百般疼爱，任她在家翻箱倒柜地看书，摆弄字画，学了些精致的淘气，养出女孩少有的自信和活泼来。

忆秦娥

弯弯曲。新年新月钩寒玉。钩寒玉。凤鞋儿小，翠眉儿蹙。

闹蛾雪柳添妆束。烛龙火树争驰逐。争驰逐。元宵三五，不如初六。

还是元宵节，少女时代的朱淑真俏皮，爱热闹，明明才初六，不到十五的正日子，便打扮得时尚漂亮，忙忙地赶到街上看灯去了。天上一轮小小新月，地下小小姑娘穿着新做的凤鞋，皱着小小的眉头。她为什么不高兴？是鞋子赶制得不合脚，还是另有原因？

似乎全城的女子都出动了，正月灯会，是闺阁中人名正言顺出来放风的好时光，要看灯看人，还要被人看，都往最美里装扮自己。在这片火树银花之下，一切都那么兴兴头头的，虽然只是初六，简直比十五还要开心呢！

这首词，意境跳荡，纯是女孩口吻，有旁人难猜的小心事在内里流转。你在旁边看着，不知道她乍喜乍忧，时笑时颦，到底是个啥意思。她就是不明说，要很好很好的闺密，才能听到她兴奋又遮遮掩掩的吐露：是要在灯会上，去跟一个人会面啊！那个人……反正就是好！

家长对女儿太宠溺，一时没看管到，让她还未出阁，便在仕女如云的钱塘，看上了一个冤家。具体身份不清楚，能让心高的朱淑真看得上眼，至少是读书人，具备些才华。今夕何夕，在此邂逅，双目相视动了心，便像被磁铁吸着，不自觉地走到一处，再也分解不开。

这是早春的事，还在初遇的惊喜中。到了夏天，这对儿的感情也和天气一样升温了。

清平乐

恼烟撩露,留我须臾住。携手藕花湖上路,一霎黄梅细雨。

娇痴不怕人猜,和衣睡倒人怀。最是分携时候,归来懒傍妆台。

朱淑真生活的年代,礼教大防还不如后世严密。翻开话本小说,太多热烈的城市青年恋爱故事,朱淑真只是其中一个。但她张扬得很,做过了还要写词以记之。但话又说回来,那样满心满眼的甜蜜,遇此良人的欢喜,如果我有本事说出来,写下来,唱出来,为什么不?

幸福的人有一个讨厌又可爱的毛病:想要全世界都知道她的幸福,知道她在爱着,即使不能真的对人说去,遇到一朵花开,几只雀儿来,或者只是风把一片树叶吹到眼前,她也要捧在手里,弯着嘴角悄悄对它诉说一番。何况朱淑真擅写、擅画、擅填词调筝。你怎么能让她不说?后世的卫道士封不住她的嘴,只好痛骂,然而这骂声与她又能再有什么关系?

在恋爱中,除了那个人,世上的一切,她都无视了。她去赴约,连湖上的烟雨轻露,都令她打心眼里嫌烦,阻碍了她不能快快赶到。见了面,在荷花丛中携手漫游,走走停停,忽然一阵黄梅雨驱散游人,四盼无人,她一下子就睡到他怀里了——"娇痴"两个字用得真好,是又天真,又妩媚,又情不能自已,还有点狡黠的小性儿。你要是有过经验,一下就会心了。她轻巧的身子靠过来,嘴里还要娇滴滴抱怨着:腿走疼了啊,感觉好累啊!于是你整颗心都软了,化不开了。

时间恨短,又要告别了,依依不舍放开手的情状且不说,只是回来后,这姑娘怎么好像被雨淋病了,淋呆了?浑身无力,魂不守舍,什么事都懒得做。《西厢记》里的句子说得好,正是:"每日价情思睡昏昏。"

时间走得好快,转眼一年过去了,又是一年,春夏秋冬,她没能嫁给他。什么原因?也许他走了,奔前程去了,也许他另娶了妻,也许双方父母不同意,总之,欢乐只剩下了回忆。她写了好多首词诉说相思,然后,就遵从家里的安排,嫁给了另一个男人。

谒金门·春半

春已半,触目此情无限。十二阑干闲倚遍,愁来天不管。

好是风和日暖，输与莺莺燕燕。满院落花帘不卷，断肠芳草远。

朱淑真的词，最最当得"清丽"二字，恰像天然花枝，逢了时节，纵横皆有情，开谢都有心。明代张岱在《陶庵梦忆》中形容一个为情而死的女伶，"孤意在眉，深情在睫"，用在朱淑真身上也很贴切。她写这离愁，融融泄泄地汇在一片春色里，充斥在天地间，摇飏无主。这不合蕴藉雍容的词格要求，不符合"哀而不怨，怨而不伤"的中庸之美，自管自地一路哀伤下去，直到断了人肠。

朱淑真谈恋爱，快乐的时候不保留，悲伤时也不自持，是吊罐里的清水，轻轻一晃便要泼洒出去，没有琼浆玉液贵重，有的只是可见底的清澈。这样的爱掉进生活的干旱里，只有一条路可走，就是耗尽自己，委地无存。

她嫁的那个男人，并非如传说中那样是个伧俗之辈。疼爱女儿的父母，并没有门不当户不对地把女儿丢出去。从淑真的诗文中看来，那也是个读书人，做过官，有段时间还曾带她赴任。她埋藏了过去，努力地做个好妻子。婚后也有过短暂甜蜜，据说，那首著名的《圈儿词》就是她写给丈夫的。

相思欲寄无从寄,画个圈儿替。话在圈儿外,心在圈儿里。单圈儿是我,双圈儿是你。你心中有我,我心中有你。月缺了会圆,月圆了会缺。整圆儿是团圆,半圈儿是别离。我密密加圈,你须密密知侬意。还有那说不尽的相思,把一路圈儿圈到底。

她寄给丈夫一封信,无一字,只从头到尾密密地画了许多圈圈。丈夫不解,东翻西看,好容易又找出另一张纸来,精美的小楷写着这精致的情话儿。

可惜,婚姻并非有心经营就必然美满。时间一长,两人之间的种种志趣不投还是暴露出来,具体怎样也不好说了,反正是他渐渐冷落了她,把她孤零零扔在家里,自去快活应酬,还娶了小妾。这事情在一妻多妾的时代,本也正常,多少女人也就守个大婆的名分,半世孤凄地过了,熬到老头子一死,沾着儿子的光,家业还是自己的。朱淑真就不行,受不了这个气,又不爱又不相知的日子怎么过?一拍两散算了。

挣扎了若干年,朱淑真自请仳离,回娘家去了。父母劝又不听,打又下不得手,只得依旧把这位姑奶奶养在家中。只是已不复当年的爱笑、爱跑、爱闹了,她变得十分沉静。

蝶恋花·送春

楼外垂杨千万缕。欲系青春，少住春还去。犹自风前飘柳絮，随春且看归何处。

绿满山川闻杜宇。便做无情，莫也愁人苦。把酒送春春不语，黄昏却下潇潇雨。

朱淑真是个对季节变换极其敏感的人，春夏秋冬，自然界的种种变动，都落在她眼里，为她起伏的情绪推波助澜。王国维说词分"有我""无我"之境，朱淑真的大部分词里，都有个"我"，与外物相呼相应。春天的花开、秋天的微风以及冬天的落阳，在别人那里，走就走过去了；在她，却是生命中至深的体验。

四季中，她最爱的肯定是春天，春天最有生机，桃花和柳叶，该妩媚的，该风流的，谁也挡不住。春风吹过，有种带着酒意的纵容……和朱淑真的本性多么贴近，而春天终要消逝，她在岁月中也终于失去了飞扬的青春眉眼，变成了神色凝重的妇人。

她想知道，自己这一生，也就当真如那风前柳絮，没个归宿了吗？她听着满山的杜鹃啼声，一声声都替她泣着血。直到黄昏时分，她举起杯中酒，送别这个春天，春天却也无语。雨潇潇地下了。

所有景物都在为她说话，与她共叹共愁。把词写成这样，简直是种自恋了，可一点都不招人厌。这自恋中，有种风流偶傥的率真。还有这首著名的怨词：

减字木兰花·春怨

独行独坐，独唱独酬还独卧。伫立伤神，无奈轻寒著摸人。

此情谁见，泪洗残妆无一半。愁病相仍，剔尽寒灯梦不成。

活脱脱一个长夜无眠的凄清妇人，不知怎么就把日子过到这般惨淡境地，真是难以承受的孤单。让后人看了，暗生同情心，想，她的一生，是多么不幸福啊！

但我并不想替朱淑真叹息。她是曹雪芹笔下说的那种人，禀天地清明灵秀之气所生，"其聪俊灵秀之气，则在万万人之上；其乖僻邪谬不近人情之态，又在万万人之下。若生于公侯富贵之家，则为情痴情种；若生于诗书清贫之族，则为逸士高人；纵再偶生于薄祚寒门，断不能为走卒健仆，甘遭庸人驱制驾驭，必为奇优名倡"。

她为至情至性而生，注定不能适应庸常的人生。"似这般花花草草由人恋，生生死死随人愿。"她伤心断肠，但你不能指望她真的幡然悔悟，她选择了这样的路，就至死方休地走下去，像穿上红舞鞋的舞者，不耗尽最后一丝生命，断不能停止美妙的舞姿。

"土花能白又能红，晚节犹能爱此工。宁可抱香枝上老，不随黄叶舞秋风。"和丈夫离异后，她写下这样的诗表达心志。完全是副理直气壮、死不悔改的德性——我就算孤独一辈子，也不要做那种任生活摆布的人。因为，我有我历劫犹存的香气。

她又不是浪漫天真到不懂人生残酷、爱情无常。在另一首写于元宵灯节的诗里，她这样说："新欢入手愁忙里，旧事惊心忆梦中。但愿暂成人缱绻，不妨常任月朦胧。"得承认，关于朱淑真的感情生活，我们知道的太少了。这里新欢旧爱的故事，已经不能追寻到具体。可她的心意是明明白白的：当爱情来到时，我要认真地抓住它，哪怕暂时的也好，终成梦幻泡影也好，那结局，交给岁月去处理。

她的人生，也许比我们想象的要幸福。

因为，她这一生的风流俊秀，经历过沉醉与痴迷、挫折与惨淡，沉淀下"虽千万人而吾往矣"的莫大魄力。她的词集叫《断肠集》,如你能明白断肠滋味,你必曾体验过深沉的快乐……而我们大多数人,只能对着生命这一袭爬满虱子的长袍,忍受着,一天天挨下去,偶尔弯腰驼背地叹一声:"心之忧矣,如匪浣衣。"

人间失格的日子

一个帝王在泥涂中

1127年,一个帝王在泥涂中,被异族的兵士如驱牛赶马,行往他最终死难之地,是为北宋亡国之君:徽宗赵佶。

和赵佶一起被俘的,是他的儿子钦宗皇帝。史书上称此事件为"北狩"——一片委婉的遮羞布而已,说是打猎,猎物正是宋王朝的君臣妃后们。泥水中被鞭打着前行,大小便不容停下来解决,臭气熏天。妇女被淫辱时的哭喊声不绝于耳。赵佶本人还掉进河水里,没淹死,又被拉起来,一直拉到东北的白山黑水间,被金国皇帝开开心心在祖先灵前献过俘之后,才放到黑龙江的五国城囚居。他在那里又坚持活了九年,生了六子八女,享年五十四岁。

"千古艰难惟一死,伤心岂独息夫人。"古人总盼亡国之君的妻妾自裁守节，却从无期待君主本人速速以身殉国的。大概皇帝之一身就是一国，守住自己的命，就是守住国祚。而且有忍辱偷生的理由——他还盼着回国呢！寄希望于已经登基的儿子赵构，把贴身的衣服与拭泪的手帕，都让忠心臣子冒死带回，只盼儿子能接他回去。

傻子才接他回去。

《燕山亭·北行见杏花》是一阕极写失国痛苦的词：

裁翦冰绡，轻叠数重，淡着胭脂匀注。新样靓妆，艳溢香融，羞杀蕊珠宫女。易得凋零，更多少、无情风雨。愁苦。闲院落凄凉，几番春暮。

凭寄离恨重重，这双燕，何曾会人言语。天遥地远，万水千山，知他故宫何处。怎不思量，除梦里、有时曾去。无据。和梦也、新来不做。

在这敌人的疆域，春天也依旧来了。春天来时，不问是非，不管不顾。杏花开得正如云如霞。可以想象，那样广阔的平原、骨骼强健的山体、亘古长存的泥土，被一些艳嫩的红所点染，越来越多，终至于浩浩荡荡，会激起人们心中怎样的感情。江山万里，披襟当风，只觉满目山川中有个我，每一次呼吸，都共一茎草叶的起伏。是的,我们对一个国家的归属感,就是这样产生,并渐渐沉入血脉的。

对脚下国土的爱,是自然而然的,就如我们会自然地在春风吹起时,浑身起了酥麻的感觉。我们喜欢春天,不是因为别人告诉说春有多好,是因为,这一刻,我们真切地发现,春与我们同在。为此,我们想要雀跃,想要踏青,想要劳作,想要拜祭祖先,想要去找个心仪的人,好好地恋爱。

但对于徽宗赵佶,这一刻,他没有国土,所见皆是异域,只有杏花犹似故国。杏花娇艳,一如他曾拥有过的女人。故国宫殿里的女人们,淡着胭脂,新样靓妆,团团围绕在身边,他怜惜她们,这怜惜里带着拥有的自得。普天之下,莫非王土;率土之滨,莫非王臣。千古帝王的迷梦,他也曾无例外地做过。

可恨碰到了无情风雨,现在的他,一看到花朵的盛开,就同时看见了它们的凋零。这是花的末路,是美貌少女的末路,更是他自己的末路。开与败、盛极与衰极,世间所有景物的必然规律,在眼前形成一片堪破之后的空无。

这是一个空洞的人世。他终于发现,风花雪月皆是骗局,世间所有言语,在真实的痛楚面前,都现出了苍白原形。

燕子并不懂得人的言语,从来不会替人传信到天之另一方。从前的恋人们,痴痴地对着南来北往的燕子,说着心里的话,是因为心里还有重逢的希望吧，总不肯相信，爱情就这样没了。

万水千山，不过是无情无欲的草木土石，拼接成不可穿行的死途。但眺望着的人们，总以为那山水间隐约路径，是人的脚步可及。断不能承认，人世间终有你走不过去的距离。长久怀念着的故国宫殿，也已经不存在了——这是早在那场大火烧起来的时候，就应该明白了的事情啊！

"知他故宫何处。"所以这一句，是冷笑着说出来的。"怎不思量，除梦里、有时曾去。无据。和梦也、新来不做。"原来是嘲笑自己，竟然还做过那样无凭无据的美梦。当一个人连梦都不再做了，便是现实彻底将他击倒的时刻。

人总是因为还有希望，有不能放弃的责任、挂念与欲望，才能确定自己为何要活着，否则难免自觉如行尸走肉。这个人，已经有了成为行尸走肉的觉悟。"我放弃。"他说。然后，一撒手，任由时间的洪流，将可悲的自己冲刷无踪。

这是赵佶写下的最后一首词，也可算是绝笔。是从哪一刻起，他终于知道，自己已经彻底失去为帝王的资格，失去了活下去的理由？

赵佶本来就不是一个有为帝王资格的人，还未即位时，宰相章惇便给他下了评语："端王轻佻，不可以君天下！"

宋哲宗身后未留子嗣，皇帝人选，必须从哲宗的兄弟也就是宋神宗的儿子中挑选。时为端王的赵佶，并非嫡出，本无资格继承皇位。他也没做这个打算，只管做着个富贵太平王爷。"这浮浪子弟门风，帮闲之事，无一般不晓，无一般不会，更无般不爱。更兼琴棋书画，儒释道教，无所不通。踢球打弹，品竹调丝，吹弹歌舞，自不必说。"《水浒传》里对端王殿下的描写，可谓民间风评。

不巧碰上向太后垂帘。太后听政，本是赵家王朝在新帝年幼或皇位青黄不接时的传统，虽不是个个都如高皇后有"女中尧舜"的美名，多半还是识得大体、不肯胡来的。向太后本人也没什么不好，可她偏偏喜欢庶出的端王，说他天天都来请安，是孝顺老实的好孩子。于是，她不顾群臣反对，以各种理由，否决其他顺理成章的人选，把庶子端王推上宝座。至少，他的乖巧，和那些风雅的小爱好，看上去，对朝政是那么的无害。而"无害"二字，在看够宫廷争斗的老妇眼里，在王朝周转有序的官僚体制下，已足够成就一个太平皇帝。

赵佶即位之后，像很多突然担负大任的人那样，他喜出望外，又踌躇满志，一心要做出番杰出事业，上可对列祖列宗，下可让不服气的臣子们闭嘴。他觉得他有这个条件，因为接到手中的，是一个《清明上河图》所示的盛世，四海升平，所不足者，唯一位君主的丰功伟绩耳。

干什么好呢？他想了想，决定要收复燕云十六州，将这个在太祖时代就成为大宋憾事的任务完成。时代也给了他机会，给他送来了一帮气味相投的无赖与蠢材。于是，大家想出了一个投机取巧的主意：联金灭辽。

这一年，宋金"海上之盟"达成，金国与北宋分两路夹击辽国，灭辽后，燕云归宋，宋把以前每年给辽的岁币转给金国。燕云之地是中原与北方胡骑间的屏障与缓冲，被辽占了后，边境的和平靠"澶渊之盟"维系。现在单方面毁约，既不光彩，风险又高。赵佶哪管这些，想到能建立太祖太宗都未成的伟业，顿感光彩无限，浑身都是干劲。

但是，赵佶先生一觉醒来听说辽国已经知道了宋金的勾当，吓得心脏怦怦跳，生怕被报复。他头一缩，不仅不支援金国的军事行动，还把金的使者扣留起来，打算着万一金国失利，掉过脸来推卸责任。好像小孩子恶作剧被抓，便摆出此事与我无关的无辜相。不料，新兴的金国，一举摧毁了已经处于没落中的辽国军队主力。这时候，赵佶来精神了，赶紧派兵浩荡前行，要去坐收渔翁之利——他想得真美！

派出的军队由童贯、蔡攸率领，两次被辽打得大败而归。宋朝武备久疏，领军又是有名的笨蛋，才知道瘦死的骆驼比马大。辽国是虎落平阳了，打不过东北密林中扑出来的骁骑，打你们还不是小菜一碟？何况困兽犹斗，国家生死存亡关头，还要被你们这些年年进贡的家伙翻脸揩油，是可忍，孰不可忍！

宋军被打得落花流水，金军势如破竹，两相对比，好生难堪。但赵佶要知道难堪，就不是赵佶了。一干人等沾沾自喜，事情结束，高高兴兴来分胜利果实。金国早已不把不中用的北宋看在眼里，厉声追问："为何当初约好了你们又背信弃义？"好说歹说，岁币不算，每年又另加一百万贯的租税，算作北宋赔礼道歉的钱。金国这才留下燕云的几座空城，带着金帛、人口扬长而去。

赵佶君臣欢呼胜利，刻碑以纪念"收复燕云"的不世功绩，大赦天下，封官晋爵，顺手又多收了几道劳民伤财的"花石纲"，以志庆贺。

两年后，金军有备而来，大举入侵，如入无人之地。眼看兵近中州，赵佶的脑袋中灵光一闪，把皇位传给儿子，带着几个宠臣，拔腿向南，逃走了。儿子也生气了，又派人把"太上皇"硬接回京城。于是，父子双双沦为臣虏。

赵佶天资灵秀，实在万万人之上。他擅长王朝所有的风雅之道，他的书画作品是传世瑰宝。他在位之时，还设立书画院，亲临教导。他闻得到雪从梅花瓣上跌落时的清香，他听得懂风从雀羽抖动中传来的信息，他甚至知道孔雀上台阶先抬的是哪只腿……他是宋代文明发展到高峰时的一颗璀璨结晶，但他又亲手将这文明送到了异族铁蹄之下。

废柴男也有他的骄傲

传说，赵佶出生时，他老爸神宗皇帝曾梦见李后主来谒，然后就有了这个倒霉孩子。

南唐后主李煜，文艺才华横溢，一代词宗，死于宋王朝初兴的卧榻之下，被灌下毒药"牵机"，头足相碰，浑身抽搐，死状极惨。怨灵不散，终于找了个机会，托生来断送大宋江山……这是中国人非常相信的"因果报应"。

五代十国，二百多年的大乱斗正在收尾阶段，曾经割据过的政权，只待强有力者来为其一个个谢幕。南唐占据长江之险，经济富庶，文化水平高，"儒衣书服盛于南唐"，来源于初代烈祖皇帝的息兵安民政策，这点和后来的宋比较像。军事几番失利后，便绝了逐鹿中原的念头，拿钱买平安，每年向柴荣的后周缴纳高额贡奉，导致财政空虚，只好向国内征收重赋，以至于后主时期出现奇事：鹅生双子、柳树结絮都要课税。

外忧内患，到中宗李璟，焦头烂额的一堆烂摊子，要接手的话，也轮不到以诗书琴棋自娱、谈情说爱度日的次子李煜。大家都知道他是政治废柴，也就无视，只管轰轰烈烈地为皇位内斗起来。世事就是这样奇妙，李煜的哥哥李弘冀，努力把亲叔叔干掉后，自己也生病死了。

"从嘉德轻志懦，又酷信释氏，非人主才。从善果敢凝重，宜为嗣。"大臣钟谟劝谏。但李璟或许被弟弟与儿子的同归于尽所刺激，害怕再生枝节，坚决地按"嫡长子"的继承顺位，把李煜立为太子。

跟赵佶相比，李煜对自己当皇帝的才能，是很有自知之明的。刚即位，他就战战兢兢给宋太祖写信："臣本于诸子，实愧非才。自出胶庠，心疏利禄。被父兄之荫育，乐日月以优游。"表明臣服之心，说他们绝对会老老实实，请宋太祖放心。话都说到这份上了，赵匡胤灭南平，灭南汉，灭后蜀，一路秋风扫落叶。但招降书递来时，他却又硬气了，一边托词推诿，一边偷偷地备战。结果，被勃然大怒的赵匡胤大兵压境痛揍之。

赵匡胤也不是野蛮人，对被自己抢了皇位的后周柴家，对主动投降的吴越钱家，都还算善待。李煜如果识相，本来大可不必闹到屈辱不堪，肉袒出降。

"非人主才。"人人都这样说。可是，坐在宫殿深处高高宝座上看不清面目的那个偶像，也并非泥塑木雕，人人不抱希望的

人间失格的日子　303

废柴男,他也有自己的骄傲与任性。

生在深宫之中,长于妇人之手,不谙外务的人,往往会有这样的骄傲与任性。后蜀的花蕊夫人,身为俘虏,竟对宋太祖说:"君王城上竖降旗,妾在深宫那得知。十四万人齐解甲,更无一个是男儿!"宋太祖倒很欣赏她,可皇帝的弟弟赵光义,就对这种亡国人士的牢骚非常厌恶,找个机会把花蕊夫人杀掉了。

李后主之死也是因为"口祸"。据说是七夕夜,自己生日这天,他让歌伎彻夜奏歌《虞美人》:

春花秋月何时了,往事知多少?小楼昨夜又东风,故国不堪回首月明中!

雕栏玉砌应犹在,只是朱颜改。问君能有几多愁?恰似一江春水向东流。

词论家周济说后主的词,是"粗头乱服,不掩国色"。粗头乱服,指这些不经雕琢修饰的句子,一句句从心应口,质朴自然。不掩国色,则是这质朴文字所带来的惊心动魄的审美体验。

那是生命无常,与时空永恒,所形成的轮回与碰撞之美。我们所面对的宇宙,无情而又运转无穷,年年岁岁的花开花谢、月升月落,永不停息的交响华章,其中的人,生命却短促如斯。

多少诗人都在发出悲叹。唐代张若虚的《春江花月夜》，用足了三十六句古诗行，只为述说"人生代代无穷已，江月年年只相似"的悲怆。

但这都没有李煜这开篇袭来的寥寥十余字，来得沉痛。"春花秋月何时了，往事知多少？"请嚼在口中，默默念诵，渐渐感觉那无奈，那酸楚，把整个人沉入一片彻骨的寒冷中。

春花秋月，优美又永恒的生之意象，与人们追怀的情感撞击生发，破空而来；把读者的眼神，带向浩茫无垠的苍穹，询问着人类生命的终极意义。然后，才是他个人的悲戚——关于永远不能回去的故国。

同样写对故宫的思念、失国的痛苦，李煜的这一首与赵佶的给人的感觉相差竟是如此之大。对赵佶，你看到的是一个亡国之君的悲剧，他在杏花春雨里无声地呼号他的绝望。对后主，你也会由衷同情那个月光下单薄寥落的身影，但是，一转眼间，你会把他忘掉。凝望亘古一轮圆月，你想到的，是自己的命运，自己的人生种种，失去的朱颜，恸哭过的离别……

这就是词之"感发"，它超越了自身的际遇，直指普世的情与理，唤起通感与共识，从一己之悲，踏入人世间共有的苍凉。

文化的传承亦类似如此，于悄然感应中融入血脉。那些句子，平时根本不在意，却在某些未曾预料的时刻，涌上心头，一

人间失格的日子　305

句一句地敲击着你，让你有了宿命般的领悟。

"问君能有几多愁？恰似一江春水向东流。"苦苦追寻的答案，就这样汹涌而来，把人的心灵冲向了茫茫海洋漂泊。

赵光义是个识货的人，他权诈、多疑，听到这首词，立刻就发现了作者内心的沉痛，绝非虚头爵位、苟且偷生的日子可以抵消与压制。作者的哀愁，如此急切而理直气壮，如果连自己在尔虞我诈中闯过来的铁石心肠，都被这呼啸的深情震动，南唐的旧臣遗民们，传唱时又是什么感受？

面对着绝不会咸鱼翻身的李煜，赵光义还是感觉受到了冒犯和威胁。李煜又一直不识相，每天哭哭啼啼，借诗词发牢骚也就罢了，竟然还敢对奉旨前来看望的旧臣，说出大逆不道的话来。

"错杀潘佑、李平。悔之已！"在长久的沉默后，李煜说。潘佑、李平，当年因几次三番向后主谏言国势危急，死在狱中。群情汹汹，欲置二人于死地的宠臣中，就有眼前这位徐铉。徐铉回去后如实上报，宋太宗杀心顿起。

我不觉得李煜这句话是特意说给徐铉听，怪罪臣子们欺君误国的。他甚至也未必相信，不错杀好人，亡国的悲剧就不会发生。他只是，日日夜夜地被往事纠缠。曾雾里看花的人与事，在一次次回想中，恢复了本来面目，让他又惊讶又惭悔。他本来就怕杀人，当时听见那死讯，心里已经隐隐不安，但还能用大义安慰自己。现在，死者饱含冤屈的眼……他只想拼命地说"对不起！"，却再也不可能被听见了。

那么，只好对眼前来看望他的故人说了。可他忘了，故人已是新朝之臣。他忘了，故人才是最应该防范的人。他根本就想不到那么多，否则不会一见之下，就抱住对方痛哭，像见了亲人。

南北朝时，陈朝末代皇帝陈叔宝，兵临城下时带着妃子躲到井里。投降后，他又厚着脸皮索要官职，好像当官比当皇帝还光荣，每天喝酒作乐，灌得人事不省。连皇帝都叹息："陈叔宝全无心肝。"

无论是否真的没心肝，这样都不失为保命之道。李煜如果能学习陈叔宝，倒也好过了。但他不能，老天给了他一颗过于敏锐而善感的心，他即使什么都不想做，心灵仍然在催促着他，把他推向痛苦之地。

他的故国，我们的江山

为帝王的资质，赵佶直到死，才不再自我欺骗。而李煜，从来就没有自信过。他一即位，政事就委托给大臣。自己吃斋念佛，大力推广佛教，恨不得全国人民都当尼姑和尚，等菩萨许大家一个光明未来。后来，他连军国大事都以佛事为凭，直到城破，还在听和尚念经。

他的佞佛，更像在宗教中逃避。念诵的经文、许下的心愿，自己也未必相信，聊表心意，聊以自慰而已。就像一个美梦，明知是空，还沉溺到底。

李煜太喜欢做梦。梦当然是很好的东西，不能实现的理想在梦中成真，远离的人在梦中重逢，梦中有华胥之国，一切都完满美好。有梦的人生，就还有着希望。但是，物极必反，梦做得太多的人生，犹如手执一面风月宝鉴，正面是欢愉，翻过来，就是绝望。

浪淘沙令

帘外雨潺潺，春意阑珊。罗衾不耐五更寒。梦里不知身是客，一晌贪欢。

独自莫凭栏，无限江山。别时容易见时难。流水落花春去也，天上人间。

这阕《浪淘沙令》，是他一生中最后一首词。仍然是故国之思、亡国者的悲鸣，却写得大气如虹。

多矛盾啊，细看里面的情感，又是哀愁而软弱的。寒冷萧条的雨夜里，一个人突然醒来，五更，现在的凌晨三到五点吧，一夜之中最黑也最冷的时候。醒在这时真不是好事，被子里积蓄的暖气都快泄光了。蜷缩着，听着窗外雨声，回味刚才那个快乐的梦境，和现实真是两个天地。真想永远睡下去，永远在梦里不必醒来。

后主做什么事都沉溺。读书如此，恋爱如此，信佛如此……除了政治。一来没兴趣，二来政治的复杂多变，不是他那简单的头脑、直率的心所能胜任的。对于人生，他始终是深宫中长不大的小孩，喜欢就贪婪地握住，酒宴从今天开到明天，音乐永远不停。他悲伤起来也不能自控，日日以泪洗面，何况，只是任性地做梦？

可是别忘了，一语道破皇帝没穿衣服的，也就是孩子。孩子的眼，往往比大人更容易看见真实。《人间词话》里说："词人者，不失其赤子之心者也。故生于深宫之中，长于妇人之手，是后主为人君所短处，亦即为词人所长处。"作为词人，他天生直感鲜明，并不需要阅历与经验来指引。他只要轻轻一纵，就到达最阔而深的所在。

实在没有办法排遣自己，于是倚栏而望。宋词中最常见意象之一，便是"倚栏"。从时代情感来说，那是种对人生意义的认真探索；从词艺上来说，是由作者的自我向外物延伸生发的凭介。每个人都在倚栏、凭栏，每个人看到的东西是一样的吗？李煜开口,有王气升腾,"无限江山",这四个字,郁郁又蛮阔,吐出胸腔里沉积的爱与思念。

要将人淹没的情感之潮,只从雨夜里那一缕幽怨之音而兴发。于读者的感受,就好像,一个人自怜自怨着,拉开卧室沉闷的窗,忽然发现,自己正处在天与地的中心。上有苍茫之飘风,下有奔腾之怒海,只觉天地之大,何去何从,不知不觉,肝肠断绝。后主的词就有这种力量。

他的故国,就是我们所有人的江山万里,热爱的所在,想念着的人。他的"流水落花春去也,天上人间",就是我们所有人终会面对的丧失与对这丧失的悼词。所以后主的词,几乎是不能解的,只有去读,然后,等时间来告诉你,你少年时信口读过的,竟是些什么。

宋太宗憎恨李煜,却不光明正大下手,让弟弟赵廷美去送毒药。那么文雅好洁的人,滚倒尘埃,蠕虫般挣扎死去。死后,被赠太师头衔,追封吴王,太宗特诏,辍朝三日,并以王礼厚葬于北邙山。

江南之地,他的故国,听说李煜之死,人们躲入门后巷尾,斋素痛哭,遥祭这个昏庸的君王。一来,遗民心绪;二来,李后主在位时好生戒杀,性格宽厚,"威令不素著",连臣子们都不太把他放在眼里,反倒在民间有个好声名。

人是很容易被剥夺尊严，变成似人非人之物的。肉身是太脆弱而卑贱的存在，一旦不幸到来：病痛、死亡、囚禁、贫穷……都足以使人沦落到屈辱和肮脏中。泥土里全身抽搐，像虫子一样死去的李煜，他心爱的小周后，那娇憨艳丽的少女，也在不久后香消玉殒……

满眼的血污和脏，翻滚着、呼号着，已经不复为人，不配为人了。你悲哀地移开视线，却看见了从天空射下来的光。白色的光越来越强烈，笼罩地下的那"人"，在温柔与宁静中，让他得以重生，那么健康，那么自然，那么幸福。

这是救赎的过程。救赎并非来自上天，或顶礼膜拜的某尊雕像。来自什么呢？我知道，对于李煜，是他笔下永世流传的诗歌，是遥远的故国里人们压抑住的一声痛哭。

只要世间有一个人，因他的一首词而审视这尘世的美与无常，他就得到了救赎；只要世间有一个人为他哭泣，他就重新获得了为人的资格。

王国维对后主之词评价极高，说道："一切文学，余爱以血书者。"是，李煜的词，凝聚了普天下被苍天播弄、苦苦挣扎着的人的血泪。他很不幸，有了那一颗赤子心、一支深情笔，只好身不由己，不知不觉中为人类承担起向上天诉说与质问的责任。

强大的、理智的、擅长自控的人，承担不了这种责任，他们

人间失格的日子　311

有更现世化的任务。李煜恰恰相反,他如此弱,如此没用,境遇如此悲惨,才正造就了一个独特的他。人们说兵家不幸诗家幸,而李煜的不幸,又正是后代读者的幸运。

他早早失掉了一个帝国,他匍匐在尘埃里。可是我们知道,他是千古词坛"南面王",他当之无愧可为词人中的王者,代表人类这种卑微生灵,向造物主寻求生命的究极意义。

告别青春告别美

五代十国时期，吴越王钱镠在他杭州城的宫殿中，等待王妃省亲归来。已是春天，王妃犹在路上。钱镠遂令人寄书曰："陌上花开，可缓缓归矣。"

　　明明在想念一个人，却叫她慢慢地走，别急着回来，因为，陌上花都开了啊！这情话说得美妙，叫路人听着，都心里软软的。钱镠贵为一国之主，发迹前却是个私盐贩子，没读过几天书，想不到还有这等口吻，说明江南真是福地。完全能够想象，那一天，那个君王是怀着怎样的心思，眺望着他自己的江山——远山隐隐，绿水迢迢，烟雨里面遍野的花。

　　人人都说江南好。江南风物柔曼，尤其春天，格外充满娇嫩又蓬勃的生命力。晚唐韦庄说，"垆边人似月，皓腕凝霜雪"。若在江南谈一场恋爱，有多醉人，那一点点在湿润中浸漫的爱情，甜得像蜜，清得像露水。天地间一切都在纵容你的缠绵。

可惜，江南非王霸雄图之地，王气虽有，总不长久。吴越国传不过三代，便被宋太祖赵匡胤大军压境，拱手献出疆土了事。末代国主钱俶做了人质，只得用江山换性命；后又在六十岁大寿之夜，被宋太宗赵光义派使者来贺寿——当夜便被"贺"得暴病而亡了。

苏轼到江南去做官，听到乡间小儿唱一支叫《陌上花》的曲子，声调婉转凄凉。他嫌歌词鄙野，重新作了三首。

其一：陌上花开蝴蝶飞，江山犹是昔人非。遗民几度垂垂老，游女长歌缓缓归。

其二：陌上山花无数开，路人争看翠辇来。若为留得堂堂去，且更从教缓缓回。

其三：生前富贵草头露，身后风流陌上花。已作迟迟君去鲁，犹教缓缓妾还家。

江山犹在，昔人已非，说的却是末代国主钱俶失国的事情。多少风流都沦为耻辱，花团锦簇都作了凄凉一场，人世间的代谢，就这么无常。被他改后，这首曲子听起来倒更悲恸了。

钱镠不大识字，立国后却非常重视文学，对皇室子弟更是严格培养，到钱俶这代，遗下七个儿子，个个温文尔雅、知书识礼。入宋之后，待遇也还算好，都给了他们不大不小的官儿做。其中有一个儿子叫钱惟演，最博学多才，诗词也作得好，只是在史书中得到的风评不行，说是趋炎附势，巴结权贵，头上有顶"小人"帽子。

但此人也有好处，其一是平生最好读书。家中藏书丰富，甚至超过皇家图书馆。他自己说的是："坐则读经史，卧则读小说，上厕则阅小辞，盖未尝顷刻释卷也。"这话很知心，一听便知，是读书人中的会家子。

好读书这件事，与其说是好学上进，不如说是一种病症。娘胎里带来，后天不幸又欠管束，任它流毒蔓延，成了骨子里的祸害。爱读书的人手不释卷，偶尔抬起头，看看外面的世界，叹一口气，都觉没有书本里好，世上的路，都没有书乡里好走；还要自我吹嘘："眼前直下三千字，胸次全无一点尘。"

他读书不为功利，却是为了安抚自己的心，这一来才最麻烦。因为人心乖张，不知餍足。读书使人愉悦，但过后你也会发现，自己越来越敏感，容易忧伤。读书使人开悟，但你也终会看到，那些倚仗着书来解生活之围的人，笑容豁达，眼神沧桑。书，提炼生活的美好，也浓缩人生的苍凉。

做书虫子的，通常坏也坏不到哪里，因为力不从心。比如钱惟演，此人一生最爱干的事，是拉关系攀亲家。他先把妹妹嫁到

告别青春告别美

刘太后的娘家,给儿子娶了郭皇后的妹妹。刘太后死了,他又奔去抱李太后家的大腿。李太后就是李宸妃,仁宗的亲生母亲,历史传说"狸猫换太子"中那位被陷害的可怜女人的原型。终于被御史参上一本,说他勾结外戚干政,这个罪名不小,他立刻在垂老之年,被贬到湖北随州去了,不久就郁郁地病死在那里。

宰相丁谓当权时,钱惟演把女儿嫁去做丁家儿媳,此后跟亲家公一个鼻孔出气,帮着排挤寇准。寇准可是贤相,北宋王朝的大功臣,"澶渊之盟"的促成者。钱惟演也真能昧得起良心。为了保护亲家,他甚至趁皇帝病重,干出矫改圣旨的事情。亲帮亲也就罢了,后来看看丁谓真不行,要倒霉了,他又赶紧划清界限,掉过头来踩丁谓几脚——活生生的一棵墙头草。他在洛阳当官时,动用官方驿马,连夜把名种牡丹进献到后宫供太后、娘娘等亲家赏玩——现摆着的一个马屁精。

论起来,他也算不得大奸大恶,就是普通的滑头官僚吧!可宋朝的士大夫道德标准高,注重气节,他还是曾经的皇子王孙,怎么着也该有些清贵之气吧,为了一门富贵,弄这些蝇营狗苟、穷形极状的,叫人好生瞧不上。

在随州,他写了一生最后的一首词。

木兰花

城上风光莺语乱,城下烟波春拍岸。绿杨芳草几时休?泪眼愁肠先已断。

情怀渐觉成衰晚,鸾镜朱颜惊暗换。昔年多病厌芳尊,今日芳尊惟恐浅。

写完后,他常常在酒后让人唱着,听着就哭起来。他家有位白发歌姬,原是吴越王宫里的旧人,吃惊地说:"先王将薨的时候,曾留遗言,叫大家给自己送葬时唱《木兰花》的曲子。难道现在相公也要不久人世了吗?"果然,钱惟演很快就死了,这首词真的成了绝命词。

钱惟演是西昆诗派的代表诗人,主要创作方向是诗,词写得很少。他说"词这种东西,只可在蹲厕所时看看"。可见,词在他心目中的地位不高。

钱惟演瞧不起填词,也正因为如此,他填一首小歌词,只是随手为之,不用考虑当代后世怎么想,反而暴露了内心最真实的情感和脆弱。这大概是他未曾想到的,仿佛命运中冥冥安排。

这首词读起来非常凄怆。它描写的是一个老人眼里的春天,春天的景物年年依旧,城上风光,黄莺还是在啼叫着;城下烟波,碧水还是在荡漾着。但落在人耳里,入在人眼里,终有些不同了。听的是"乱",零乱散碎,叫人好生不安;看到的是"拍",这个动作里有种令人心悸的韵律,感觉春天的水是无情物,不管不顾,没心肝的美。

还有绿杨芳草——这诗词里永恒的好物,作者却消沉地问一句:什么时候就会没有了呢?也许等不到那时候,他的泪已先干了,愁肠已先断了。诗歌贵哀而不伤,他这却是伤过头了。

人的面貌随着年龄慢慢改变,不知不觉,某一日起来,揽镜惊心,你才会知道,生命是件多悲伤的事,青春速朽,美丽就像幻影,在的时候愚妄顽嚣,去的时候摧枯拉朽。这是钱惟演作为一个老去王孙的情怀衰晚。从前体弱多病,不敢饮酒;现在呢,每天只怕这酒杯浅下来……通常是年轻人不知爱惜身体,老年人最重保生,他这里却反过来了,喝就喝吧,怕什么,并非看开,而是破罐子破摔,放弃的姿态。

钱惟演大半生做事不地道,那股子钻营心思,用起来可真是干劲十足。怎么被贬一次,就这样颓丧了呢?让人惊讶:他到底有多顾惜那些富贵?

把镜头倒回从前。他老爸死的时候,他才两岁。贵为一国之主,死得不明不白。就这种不得善终的王位,钱氏族人还曾争个你死我活。后来亡国了,大家都去做赵氏的臣子,领朝廷照顾的俸禄。在人家屋檐下度日,战战兢兢是必然的。而钱惟演心中朝不保夕的危机感，似乎比其他族人更加强烈。也许是书读得太多了，读书多的人，对现实一般更敏感，也更清醒。书乡越稳，越知现实是悬崖峭壁。

但钱惟演和一般书虫又不一样，他不缺少行动力，他想方设法自保，而他所会的，仍是宫廷里那一套阴柔的策略。他当宋朝的官，却压根儿不想做出点政绩，一来旧王孙习气，二来最重要的一点是，以这样的身份，事情做得越好，就越受猜忌。他只是尽量地放低身段，四处示好着，为自己的家族寻找稳固靠山。

归根结底，他是一个软弱的人。可是怎么办呢？前朝王孙，怎么立身都不能理直气壮，还不及那些穷苦人家考上来的官员，就算触怒了皇帝，也可以拍着胸脯说自己是一片赤胆忠心。这样的话，他若说了，鬼才相信。只要皇帝一个眼色不对，对大宋忠心耿耿的臣子们，会纷涌上来毫不留情地踩死他。

钱惟演死后，围绕给他的谥号，就起了场尴尬的风波。谥号是专门由太常寺来定的，太常寺是这么个机构，平时没啥实权，一到皇亲国戚和达官贵人们死掉，就神气了，手里那支笔高高悬起，盖棺论定的力气，叫谁都惧上三分。太常寺对钱惟演是这样评价的：敏而好学可以曰"文"，贪而败官可以曰"墨"，合称"文墨公"。好生刻薄。钱家人再隐忍，也受不了,到皇帝面前申诉。皇上还算厚道,说又没犯过贪污罪,墨什么墨,看他晚年深知改悔,便叫"文思公"吧。"思"是悔过自新的意思。

到了庆历年间,刘、李两位太后,都得以配享宋真宗太庙,这是当年钱惟演曾经提出的建议。他儿子看看局势,便又跑出来哭诉,终于把谥号改为"文僖"了。"僖"是小心畏忌的意思,这回倒是正合适了,钱惟演一生攀龙附凤,惹人鄙视,说到底,还不是出于内心深处一种"畏忌"?

钱惟演第二个好处是为人随和,爱提携后进,碰到文章诗歌写得好的人,就喜欢得要命,百般纵容。欧阳修年轻时在他手下当推官,就是工作助理。人不风流枉少年,他也是个不省事的。那天,钱惟演在后园设宴,梅圣俞、谢希深这一帮子文士都到了,官妓们也都打扮停当准备侍宴,唯独欧阳修和一个姑娘不见人影。好容易才看到两人相跟着,姗姗地来了——这事情有点过火了,因为宋朝律令是禁止官员与青楼女子厮混的。所以钱惟演也板起脸来,问那姑娘:"你怎么现在才到?"姑娘答:"刚才午睡,金钗不知丢哪儿去了,找了半天,所以迟了。"

这真是睁着眼睛说瞎话,把大家都当瞎子呢!钱惟演忍住笑,继续威逼姑娘:"都说欧阳推官文采好,你要是能让他就此事写词一首,我就不惩罚你,还赔你一支金钗。"欧阳修应声即作《临江仙》一阕：

> 柳外轻雷池上雨，雨声滴碎荷声。小楼西角断虹明。阑干倚处，待得月华生。
> 燕子飞来窥画栋，玉钩垂下帘旌。凉波不动簟纹平。水精双枕，傍有堕钗横。

这词写得精致香艳，流淌着一股子暧昧气息，在座的都是解人，心照不宣地哈哈大笑，便把此事揭过了。

那时候钱惟演都快六十岁的人了，在西京洛阳当留守，是个位高权重的官职，却天天跟这些年轻的诗人厮混，带着他们喝酒玩乐，还拿钱出来，给他们办诗会，出诗集，兴兴头头的。谁曾想到，三年后，他便会在寂寞中死去。

欧阳修毕生对钱惟演敬重，说这位老大人"生长富贵，而性俭约，闺门用度，为法甚谨""官兼将相，阶、勋、品皆第一"，完全不管官方评价、社会舆论，满口赞美着。

虽说有知遇之恩，欧阳修却也是一代大儒、两宋名臣，平生最不徇私，对当年的老大人如此推崇，自然有他的道理。人生真是复杂，善恶贤愚，哪里就真能盖棺论定了？还是苏轼说得好："生前富贵草头露，身后风流陌上花。"这生与死之间，但得一

告别青春告别美　323

人真心爱我、赞我，便已足够。

黄永玉回忆他的表叔沈从文先生，于晚年终于回到家乡凤凰。他作为晚辈陪在边上，正是春天。在《这些忧郁的碎屑》一书中，他是这样写的：

"三月间杏花开了，下点毛毛雨，白天晚上，远近都是杜鹃叫，哪儿都不想去了……我总想邀一些好朋友远远地来看杏花，听杜鹃叫。有点小题大做……"我说。

"懂得的就值得！"他闭着眼睛，躺在竹椅上说。

一天下午，城里十几位熟人带着锣鼓上院子来唱"高腔"和"傩堂"。头一出记得是《李三娘》，唢呐一响，从文表叔交着腿，双手置膝静穆起来。

"……不信……芳……春……厌、老、人……"听到这里，他和另外几位朋友都哭了。眼睛里流满泪水，又滴在手背上。他仍然一动不动。

从文先生一辈子坎坷，于创作力最旺盛的时期，被迫失去写作权利；于时代大动荡中——失去至亲好友，自己也差点被逼得疯掉。等到终于冰消雪融，家乡的花朵都开放了，他却已经垂垂老矣，成为被明媚春光讨厌着、排斥着的衰朽之身了。"不信芳春厌老人"，这句话沉痛悲凉到了极点。不信，是因为信，信且不甘，且不可能回天。

可老人就不爱春天了吗？爱的。爱得更深沉。人生代代无穷，陌上年年花发。陌上花开，于年轻人，是青春和美的陶醉，是爱意与缠绵；于老人，那深深凝望、侧耳倾听的姿态里，是一种告别。

永别了，但仍然爱着。

更多的人漂泊在路上

大厦在时光里倾颓,时间流转到了南宋末年。"道男儿到死心如铁。看试手,补天裂。"英雄的呼声也成了隐约余响。这里要说的只是一个叫蒋捷的普通词人。

蒋捷是南宋最后的进士,在中进士之后几年,南宋就灭亡于蒙古人的铁蹄下。剩下来的大半生,他只好用在逃亡与躲藏上。

他的《一剪梅》很有名:

一片春愁待酒浇。江上舟摇,楼上帘招。秋娘渡与泰娘桥,风又飘飘,雨又萧萧。

何日归家洗客袍?银字笙调,心字香烧。流光容易把人抛,红了樱桃,绿了芭蕉。

他年轻的时候,坐船经过吴江。那时南宋还没有亡呢!他的心情，还单纯只是旅途的惆怅与对家的思念。应该是刚成婚不久，家里有一个小小的娇妻。蒋捷一直是个恋家的好男人呢！春天的江南，风光多么好，到过江南的人都知道。他坐在小船中，呆呆望着外面，心里像有小虫子在爬一样，有点轻痒，有点焦急。

乘船过路，如果你看着两岸，会有很浓重的镜头感，画面一帧帧播放过去，滑过眼帘。蒋捷不懂多媒体技术，他的这首小词，却俨然娴熟导演的剪辑手法：江上摇橹而过的小舟，岸上随风招摇的酒帘，有着绮丽名字的小小渡口与石桥——可能是舟人告诉他的，也可能是因为这条路常走。

"飘飘""萧萧"，两处叠字运用得极好，像这春天密密织织的细雨，催动着人心里的渴望。马上就要到家了！甜蜜的家，温柔的妻子，要和她坐在一起调着笙，把暖暖的熏香点起来——多么值得珍惜的时光。

他想着，忽然感到一阵来自灵魂深处的震动，好像在睡梦中被温软的巴掌轻轻又坚持不懈地拍打，终于醒过来一样，他明白了一件事："流光容易把人抛，红了樱桃，绿了芭蕉。"红樱桃，绿芭蕉，这春天里色彩鲜明的寻常物事，就在蒋捷心念一动的这天，凝固在中国文化里了，让后来的无数人，读着它们，心中又欢喜，又悲伤。

因此词而被称为"樱桃进士"的蒋捷，当时还并不知道这首小词在他生命里投下的宿命暗喻。而这样轻妙温柔的句子，后来他再也写不出了。

来日大难，兵荒马乱中，他也与妻子及其他家人失散，到底重逢了没有，无从知道，希望是吧！年轻的进士，在以前是要头插鲜花，在京城里走马游行，被人们指点艳羡的。如今，国都没了，这身份分文不值，连皇亲国戚都蓬头垢面、鸡犬不如地奔逃偷生，他还能做些什么？

陆秀夫背着八岁的小皇帝在崖山跳了海，文天祥死了，一切都结束了。蒋捷还活着，在一片荒凉惨淡中，到处寻找着他的家。

贺新郎·兵后寓吴

深阁帘垂绣。记家人、软语灯边，笑涡红透。万叠城头哀怨角，吹落霜花满袖。影厮伴、东奔西走。望断乡关知何处，羡寒鸦、到著黄昏后。一点点，归杨柳。

相看只有山如旧。叹浮云、本是无心，也成苍狗。明日枯荷包冷饭，又过前头小阜。趁未发、且尝村酒。醉探枵囊毛锥在，问邻翁、要写牛经否。翁不应，但摇手。

这个倒霉的人，头年刚中进士，向家里报了喜，第二年蒙古人就打到了，战火烧得遍地。他身上也没钱，衣食无着，还努力往家的方向奔。满脑子想的都是深闺中，几声软语，娘子笑得晕红的脸。

人在大难来时，在最初的慌乱失措之后，也终会平静下来，去试着接受这恶毒的命运。蒋捷东逃西窜，心里再惶急，夜里也无从赶路，得找个破败村庄投宿。他一边艳羡着天上的乌鸦，到黄昏就能找到杨柳归窝；一边跑到村子里，且弄点老酒安安神。酒是找到了，也喝了，完事一摸口袋，一分钱也没得，只有支破毛笔还在，便觍着脸，问旁边的老头儿："您要写《牛经》吗？"

《牛经》是本农书，讲如何鉴定耕牛。这年头，是个腿脚利索的人，都逃难了，剩下走不动的老头儿，还要种个什么田，要这破东西干什么？老头儿面无表情，只管冲他不耐烦地摇手。这就是蒋捷逃难生涯中的一天，过去了。

元朝建立，南宋的百姓都成了蒙古人治下的"贱民"，日子虽过得低三下四，到底也还是不打仗了。亲人失去了，日子还是要过，田还是要种，饭还是得吃，婚还是要结，孩子还是得生。时间慢慢地往前淌，蒋捷去哪里了？

他真的隐到了市井中，当了个江湖相士，靠算命占卜过日子，还在四处流浪。直到老迈，他才买了块田，有地方住下来。

算命，这活计应该比写《牛经》强点。他倒不怕丢面子，大概一是为了生计，二是为了逃避新朝廷的征召。元朝的皇帝，终于发现要长治久安只靠打打杀杀不行，慢慢地，就对前朝的文化人实行怀柔政策，给他们官做。这政策还真有点效果，许多人都去了。连名将张浚的后代、著名词人张炎，都悄然动了点心思，跑到元大都转了一圈。可是蒋捷没去。

他在想什么呢？

梅花引·荆溪阻雪

白鸥问我泊孤舟，是身留，是心留？心若留时，何事锁眉头？风拍小帘灯晕舞，对闲影，冷清清，忆旧游。

旧游旧游今在否？花外楼，柳下舟。梦也梦也，梦不到，寒水空流。漠漠黄云，湿透木棉裘。都道无人愁似我，今夜雪，有梅花，似我愁。

荆溪在宜兴，宜兴是蒋捷的老家，他少年时光就是在这里优游度过的，有过许多呼朋引伴、花边柳下的宴游。现在他又来了，却并没有打算停下来。乱世之后，旧宅旧人荡然无存，留下来似也无意义。

如果真这样也就罢了,偏偏连夜下了大雪,不得不留下来。留在江上的一叶小舟里,面对往事纷繁。风往舱里灌,冷,烛光零乱,他一个人坐在那里,渐渐地无法自持,愁恨排山倒海而来。他倒又自嘲了:"这不算什么,今天这个雪夜里,还有梅花,跟我一般地在发着愁呢!"

梅花多高洁,这句淡淡的话里,藏着点傲气。

蒋捷坐在这里,望着泯灭的家园,不知有没有想起祖上的故事。他的先祖中有蒋兴祖,老头儿很倔,当地方官时,发洪水,他几十天亲身守在大堤上,护住了一方水土。他爱这片土地爱到了这个地步:金兵来犯时,坚决不跑,说"世受国恩,当死于是"。力抗金兵而终于城破殉国,女儿也被金人掳走。他的同辈中有蒋禹玉,曾召集家乡子弟,起兵抗元。蒋家和岳飞家族也是世交,曾经为岳飞鸣冤而获罪……轮到他自己,虽然无用,但总归也不算太对不起列祖列宗吧!

蒋捷的词里,常常有奇语,犹见当年"樱桃进士"的风流聪敏。比如说这首词里,他劈头就一句"白鸥问我泊孤舟",真是神来之笔,连江上的鸥鸟,都惊讶地问他:"你留在这里,是身体留下来呢,还是心留下来呢?如果是心留下来,为什么又锁着眉头?"一下子就将这倒霉人望家乡而竟不愿停脚的苦楚,给揭破了。

"心若留时,何事锁眉头?"行走在物是人非的旧山河、新朝代,这也是他作为一个遗民,最后的、永恒的表情了吧?恋小家的男人蒋捷,也深深地爱恋着他永不再来的故乡、故国,永远消逝了的王朝风流。

"离开村庄的人将长久漂泊。"漂泊在路上的人,唯有一遍遍,看红了樱桃,看绿了芭蕉。还是用蒋捷自己的词来结尾吧!

虞美人

少年听雨歌楼上,红烛昏罗帐。壮年听雨客舟中,江阔云低,断雁叫西风。

而今听雨僧庐下,鬓已星星也。悲欢离合总无情,一任阶前,点滴到天明。

人世代谢如此,千古兴亡亦如此。

激发个人成长

多年以来，千千万万有经验的读者，都会定期查看熊猫君家的最新书目，挑选满足自己成长需求的新书。

读客图书以"激发个人成长"为使命，在以下三个方面为您精选优质图书：

1. 精神成长

熊猫君家精彩绝伦的小说文库和人文类图书，帮助你成为永远充满梦想、勇气和爱的人！

2. 知识结构成长

熊猫君家的历史类、社科类图书，帮助你了解从宇宙诞生、文明演变直至今日世界之形成的方方面面。

3. 工作技能成长

熊猫君家的经管类、家教类图书，指引你更好地工作、更有效率地生活，减少人生中的烦恼。

每一本读客图书都轻松好读，精彩绝伦，充满无穷阅读乐趣！

认准读客熊猫

读客所有图书，在书脊、腰封、封底和前后勒口都有"**读客熊猫**"标志。

两步帮你快速找到读客图书

1. 找读客熊猫

2. 找黑白格子